C·H·Beck

PAPERBACK

GABRIELE
KRONE-SCHMALZ

Respekt geht anders

Betrachtungen über
unser zerstrittenes Land

C.H.BECK

© Verlag C.H.Beck oHG, München 2020
www.chbeck.de
Satz: Fotosatz Amann, Memmingen
Druck und Bindung: Pustet, Regensburg
Umschlaggestaltung: geviert.com, Michaela Kneißl
Umschlagabbildung: imago/Horst Galuschka
Gedruckt auf säurefreiem, alterungsbeständigem Papier
(hergestellt aus chlorfrei gebleichtem Zellstoff)
Printed in Germany
ISBN 978 3 406 75486 9

myclimate
klimaneutral produziert
www.chbeck.de/nachhaltig

Inhalt

Jetzt mal ehrlich

Es gab schon einmal eine Situation, in der ich über mein eigenes Land und nicht über Russland geschrieben habe. Das war Mitte der Neunziger des vorigen Jahrhunderts. Ich war gerade ein paar Jahre wieder in Deutschland, nachdem ich in Moskau, damals noch Sowjetunion, gelebt und als ARD-Fernsehkorrespondentin gearbeitet hatte. Mit dem Blick von außen fiel mir eine Diskrepanz auf, die mich dermaßen ärgerte, dass ich darüber schreiben musste. Das Land, aus dem ich zurückkehrte, die Sowjetunion, hatte existenzielle Probleme, wohin man auch schaute, aber statt in Verzweiflung und Resignation zu versinken, war die Aufbruchsstimmung mit Händen zu greifen. Ich habe mich mehr als einmal gefragt, woher die Menschen ihre Kraft nehmen. Und da komme ich in mein Land zurück, dem es im Großen und Ganzen gut geht, und treffe auf Larmoyanz und Lethargie, und auf eine politische und journalistische Elite, die, ohne mit der Wimper zu zucken, von anderen Ländern und Gesellschaften verlangt, sich radikal zu reformieren, komplette Wirtschaftssysteme von heute auf morgen über den Haufen zu werfen, aber gleichzeitig selbst nicht bereit ist, im eigenen System überfällige Weichenstellungen vorzunehmen. Damals wurde mir zum ersten Mal so richtig bewusst, was es heißt, mit zweierlei Maß zu messen, und wie schwer es ist, das denjenigen zu verdeutlichen, die ganz selbstverständlich so verfahren und es auch noch als ihr gutes Recht betrachten, diverse Weltregionen zu bevormunden. Kurz und gut: Es waren der Ärger und eine gewisse Sorge um Fehlentwicklungen in meinem Land, in dem ich gerne lebe, die mich zum Schreiben trieben.

Offen gestanden hätte ich nicht gedacht, noch einmal in eine solche Situation zu kommen. Wobei es diesmal weit mehr Sorge als Ärger ist, die mich dieses Buch schreiben lässt. Klar, es ärgert mich natürlich auch, wenn Alarmismus und Hysterie die Diskussion wichtiger Themen bestimmen statt zivilisierter Streit um belastbare Standpunkte; wenn im öffentlichen Diskurs allzu schnell Einigkeit herrscht und abweichende Positionen medial kaum noch vorkommen; und wenn Meinungen zwar geäußert werden können, ihre Urheber aber vom jeweils anderen Lager ausgegrenzt und diffamiert werden – wahlweise als Nazi, Rassist, Volksverräter, links-grün Versiffte, als Putin-Versteher oder manchmal auch schlicht als alter, weißer Mann. Respekt geht anders! All das ist weit mehr als nur ärgerlich. Es ist besorgniserregend, denn es trägt dazu bei, unsere Gesellschaft zu spalten, und nagt an den Grundfesten unseres demokratischen Rechtsstaates. Demokratie kann nur mit interessierten, gut informierten und kompromissfähigen Bürgern funktionieren. Null-Bock-Zeitgenossen, Hysteriker und Wutbürger fahren das System an die Wand, und die Missionarischen, die sich stets auf der moralisch richtigen Seite wähnen, legen allzu oft ein zutiefst intolerantes Verhalten an den Tag, ohne es selbst zu merken.

In diesem Buch will ich mich mit den Mechanismen der Polarisierung beschäftigen. Ich will zeigen, wo die Fallen lauern, die aus pluralistischen Debatten polarisierende Spaltpilze werden lassen. Und ich will zum Nachdenken anregen, ob es nicht auch anders geht: ruhiger, entspannter, sachorientierter, kurz: respektvoller. Haben wir in unserer Gesellschaft nicht außerdem viel mehr gemeinsam, als es die aufgeheizten Debatten vermuten lassen?

Manche Kommentatoren vermitteln den Eindruck, als wäre alles in bester Ordnung, wenn die westlichen Demokratien nicht gezielt von außen unter Druck gesetzt würden, um sie zu destabilisieren. In dieser Sichtweise sind es die Trolle aus den russischen, chinesischen oder iranischen Einflussfabriken, die bewusst Zwietracht säen, um den Westen insgesamt zu schwächen. Natürlich gibt es diese Versuche. Aber wie einflussreich sind sie wirklich? Und spaltet man die Gesellschaft nicht nur noch mehr, wenn man «Abweichlern» unterstellt, sie seien Agenten einer feindlichen Macht? Hatten wir das nicht schon mal? In Wahrheit bekommen wir es ganz gut selber hin, in unseren Debatten eine aggressive, hysterische und intolerante Atmosphäre zu erzeugen. Und wer denkt, das alles käme nur von außen, der kann sich erst gar nicht bemühen, die eigentlichen Ursachen zu beheben, weil er sie nicht erkennt.

Ein Denken in binären Alternativen – entweder oder statt sowohl als auch – entwertet die Suche nach Kompromissen und führt die Debatten auf unfruchtbaren Boden. Hysterie und Alarmismus untergraben den Glauben an die Leistungsfähigkeit und Stabilität unseres Systems und befördern Radikalisierungsprozesse. Die moralische Aufladung unserer Debatten presst Sachthemen in ein Gut-Böse-Schema und behindert die Sicht auf die eigentlichen Problemlagen. Zudem lässt sie den Gegner nicht als Menschen mit anderer Meinung erscheinen, sondern als fragwürdige Person. So wird die Würde des Andersdenkenden verletzt, und es werden Gruppen gegeneinander gehetzt: Deutsche gegen Flüchtlinge, Klimaleugner gegen Klimaretter, Alt gegen Jung. Manchmal wird ein Generationenkonflikt geradezu herbeigeschrieben, der so gar nicht existiert. Und daher muss auch die Rolle der Medien betrachtet werden, die eben nicht bloß eine vierte Gewalt sind, sondern auch «Aufmerksamkeitshändler», die einen wirtschaftlichen Zweck verfolgen und nicht selten die Polarisierung unserer Debatten noch verschärfen.

Es geht mir also nicht darum, all die Sachthemen, die gegenwärtig so erregt diskutiert werden, detailliert aufzuarbeiten. Das wäre vermessen. Es geht mir darum, zu zeigen, was in unserer

«Debattenkultur» schiefläuft und so viel wie möglich dazu bei-
zutragen, konstruktiven Streit anzuregen. Zurzeit sind wir nicht
mal mehr in der Lage, uns gegenseitig zuzuhören. Wo sind wir
gelandet, wenn Gastredner in Hochschulen am Reden gehindert werden, weil deren Standpunkt einer bestimmten, laut-
starken Gruppe nicht passt? Sind Universitäten nicht genau
dafür da, um unterschiedliche Standpunkte auszutauschen, sich
gegenseitig weiterzuentwickeln und zu Erkenntnisgewinn zu
kommen? Wie soll das gehen, wenn alle nur im eigenen Saft
schmoren und sich für den Nabel der Welt halten?

Wo bleibt das, was man Anstand und Menschenwürde nennt,
wenn Gerichte bestätigen, dass unflätigste Beschimpfungen als
freie Meinungsäußerung durchgehen? Wie frei ist unsere Gesellschaft, wenn sich Kommunalpolitiker aufgrund ihrer Bedro-
hungslage zurückziehen oder sich zum eigenen Schutz bewaff-
nen wollen? In Deutschland! Nicht in Texas.

Es gibt wie so oft im richtigen Leben keine Gebrauchsanweisung, die man Punkt für Punkt befolgen könnte, um aus dieser
schwierigen Lage herauszufinden, aber man kann ohne die all-
gegenwärtige Verbissenheit nachdenken und andere am eigenen
Denken teilhaben lassen. Die Versuchung ist groß, sich auf die
eigene Meinung zu versteifen, gerade wenn die Debatten so
aggressiv geführt werden. Aber es kann nicht schaden, auch sich
selbst immer wieder kritisch zu hinterfragen und zu prüfen, was
man zur Entspannung beitragen kann. Auch das will ich in diesem Buch tun, denn niemand ist im Besitz der einen und un-
teilbaren Wahrheit.

Und noch etwas. Man muss sich von der Angst befreien,
vor falsche Karren gespannt zu werden. Wenn in der Mitte der
Gesellschaft kein Platz mehr ist für streitbare Debatten, besteht
dieses Risiko durchaus. Aber wo führt es hin, etwas unter den
Teppich zu kehren, nur weil man befürchten muss, Beifall von
der «falschen» Seite zu bekommen? Ränder und Extreme einer

Gesellschaft werden gestärkt und die Mitte noch weiter geschwächt.

Vor einiger Zeit ist mir ausgerechnet auf einem Katzenkalender ein, wie ich finde, hilfreiches Zitat von Marie von Ebner-Eschenbach begegnet: «Die Gelassenheit ist eine anmutige Form des Selbstbewusstseins.» Und wer wollte schon von sich behaupten kein Selbstbewusstsein zu haben …

Entweder … oder …

Wenige Wochen nach den Anschlägen auf das World Trade Center in New York vom 11. September 2001 erklärte Präsident George W. Bush, im «Krieg gegen den Terror» gebe es keine Neutralität. «You are either with us or against us.» Das ist die krasseste Form von Entweder-oder-Denken: «Wer nicht für mich ist, ist gegen mich.» Wurden Sie auch schon einmal vor diese Alternative gestellt? Was für eine Anmaßung! Denn es läuft darauf hinaus, dass Sie Ihr eigenes Gehirn abschalten sollen und in bedingungsloser Treue demjenigen folgen, der diese letztlich rhetorische Frage stellt. Das passt eher in diktatorische Denkmuster als zu demokratischen Verhaltensweisen. «Wer nicht für mich ist, ist gegen mich» zwingt Sie dazu, auch Dinge zu tun oder zuzulassen, mit denen Sie persönlich nicht einverstanden sind, andernfalls werden Sie zum Feind erklärt, der bekämpft werden muss. Man könnte auch sagen: «Vogel friss oder stirb.» Das wäre die ehrlichere Variante.

Entweder oder, ja oder nein, das klingt nicht nur nach Mittelalter und Inquisition, es führt auch mit Blick auf Problemlösungen in die Irre. Zum einen, weil Realitäten nicht so holzschnittartig sind, dass man ihnen mit *entweder oder* und *ja oder nein* gerecht werden könnte, und zum anderen, weil es über tatsächlich bestehende Gegensätze hinaus welche aufbaut, die keine sind. Es kommt noch etwas Drittes hinzu: Wenn über fruchtlose Alternativen diskutiert wird, statt über pragmatische und konkrete Lösungen, dann lenkt das oftmals von den eigentlichen Fragen ab. Andererseits muss man auch zugeben, dass klare Alternativen gewisse Vorteile haben. Es ist übersichtlicher, modelliert die Streitpunkte heraus und verschafft zudem mediale Aufmerksamkeit. Doch ein Denken in den Kategorien von «Entweder-oder» befördert zwangsläufig die Polarisierung. Demgegenüber enthält sein Widerpart, das «Sowohl-als-auch», in sich schon den Kompromiss und bietet die Chance, die unterschiedlichen Lager zusammenzuführen, indem es Widersprüche integriert.

Als wegen der Corona-Pandemie das normale alltägliche Leben nahezu komplett heruntergefahren wurde und nach wenigen Wochen die Diskussion begann, was man wie wieder öffnen könne und müsse, weil selbst ein so gut ausgestatteter Staat wie Deutschland das auf Dauer nicht durchhalte, lief es in den Debatten schnell darauf hinaus, was denn nun wichtiger sei: Gesundheit oder Wirtschaft? Was für eine Frage! Beides hat ganz konkret mit Menschen zu tun. Klar, Krankheit und Tod fürchtet jeder. Nicht umsonst wünscht man jemandem zum neuen Lebensjahr in aller Regel vor allem Gesundheit. Aber auch die Wirtschaft ist kein anonymes Wesen, von dem nur Konzerne und diejenigen, die den Hals nicht vollkriegen, profitieren. Wirtschaft – das sind wir alle, jeder auf seine Weise. Die schwierige Aufgabe, an deren Lösung man sich angesichts der vielen Unbekannten in Zusammenhang mit diesem neuen Virus nur herantasten kann, wird nicht dadurch leichter, dass man so tut, als gäbe es eine klare Alternative: eine intakte Wirtschaft oder eine gesunde Gesellschaft. Wenn Millionen Menschen erkranken und Zehntausende unter chaotischen Umständen sterben, dann nimmt die Wirtschaft enormen Schaden, auch ganz ohne «Lockdown». Und wenn die Wirtschaft durch staatliche Hygienemaßnahmen abgewürgt wird, dann werden Existenzen ruiniert, und wir können uns auf Dauer unser Gesundheitssystem nicht mehr leisten. In Wahrheit geht es hier doch um ein Sowohl-als-auch: Wie retten wir möglichst viele Menschen zu ökonomisch gerade noch verkraftbaren Kosten?

Das ist die eigentliche Frage, und eine Antwort ist schwierig genug. Darüber kann jedoch nur sehr konkret diskutiert werden und damit gleichzeitig auch sehr viel weniger aufgeheizt als über griffige, aber realitätsfremde Alternativen.

Ende April 2020 hat sich Bundestagspräsident Wolfgang Schäuble in die Debatte eingemischt und Folgendes gesagt: «Wenn ich höre, alles andere habe vor dem Schutz von Leben zurückzutreten, dann muss ich sagen: Das ist in dieser Absolutheit nicht richtig. Grundrechte beschränken sich gegenseitig. Wenn es überhaupt einen absoluten Wert in unserem Grundgesetz gibt, dann ist das die Würde des Menschen. Die ist unantastbar. Aber sie schließt nicht aus, dass wir sterben müssen.» Das mag auf den ersten Blick unangenehm berühren. Aber auf den zweiten Blick öffnet Schäubles Beitrag den Raum für die eigentliche Debatte. Diese kann uns nicht erspart bleiben, und wir müssen sie respekt- und würdevoll führen. Um *Entweder-oder*-Positionen darf es dabei auf keinen Fall gehen. Wir müssen als Gesellschaft gemeinsam abwägen, wie ein gangbarer Weg in solchen Fällen aussehen kann.

Auch in der Außenpolitik entfaltet das Entweder-oder-Denken seine schädliche Wirkung. Muss man sich wirklich entscheiden, ob man zu Polen *oder* zu Russland gute Beziehungen unterhält? Zu Russland *oder* den USA? Ich denke, nein, aber es ist tägliche Praxis, «Transatlantiker» gegen «Russlandversteher» politisch und medial in Stellung zu bringen. Nicht jeder, der die Politik der USA kritisiert, will gleich das transatlantische Bündnis auflösen. Es gibt nicht nur die Alternative zwischen einer bedingungslosen Gefolgschaft gegenüber Washington und einer einseitigen Hinwendung nach Moskau. Man kann auch die Gewichte innerhalb des transatlantischen Bündnisses zugunsten Europas verschieben wollen. Angesichts der Politik Washingtons in der letzten Zeit und ihrer gerade für Europa gravierenden Konsequenzen ist das doch keine so abwegige Idee. Aber in solchen Fragen geht es oft weniger um die Sache als um ideo-logische Positionierung. Ideen, Vorschläge und Überlegungen werden, je nachdem aus welchem «Lager» sie kommen, verklärt, verteufelt oder erst gar nicht zur Kenntnis genommen. In der Folge schaukeln sich Auseinandersetzungen auf, und diejeni-gen, die das «Sowohl-als-auch» mitdenken und sich um Ver-ständigung bemühen, werden beiseitegeschoben, eben weil sie sich nicht sklavisch auf eine Seite stellen wollen.

Jeder Einzelne kann versuchen, in zugespitzten Debatten Missverständnisse zu vermeiden und sich nicht provozieren zu lassen. Ich nehme mich da selbst nicht aus. Ich weiß aus eigener Erfahrung, dass es in einer aufgeheizten Atmosphäre nicht leicht ist, gelassen zu bleiben und in ruhigen, möglichst klaren Formulierungen deutlich zu machen, was man meint bzw. nun gerade nicht meint. Das funktioniert nicht als «Solokünstler», sondern nur im Team, wenn man sich gegenseitig zuhört und ausreden lässt. Wie oft werden Diskutanten in Talkshows zu einer Antwort auf die Frage *ja oder nein* genötigt? Ich will gar nicht bestreiten, dass diese Zuspitzung in Einzelfällen hilfreich sein kann, wenn politische Entscheidungsträger allzu sehr her-umeiern, um sich ja nicht festzulegen und Sachdebatten argu-mentativ austragen zu müssen. Da gibt es durchaus Situationen, die einem als Zuschauer zu Aha-Erlebnissen verhelfen. Aber bei den meisten Debatten, die uns zurzeit beschäftigen, kommt man mit *entweder oder, ja oder nein* nicht nur nicht weiter, son-dern es wird eine Unversöhnlichkeit suggeriert, der bei genaue-rer Betrachtung die Grundlage fehlt.

Man kann die «Fridays for Future»-Bewegung begrüßen, ohne sie gleich heilig zu sprechen.

Man kann den Kohlekompromiss vernünftig finden, ohne den Klimawandel zu leugnen.

Man kann gegen Diesel-Fahrverbote sein, ohne die schäd-liche Wirkung von Stickoxiden abzustreiten.

Man kann die Betrügereien der deutschen Autoindustrie beim Namen nennen, ohne diesen Industriezweig ruinieren zu wollen.

Man kann für Gleichberechtigung kämpfen, ohne jedes Wort mit einem Sternchen zu versehen.

Man kann eine offene Einwanderungspolitik fordern, ohne die Kontrolle über die Grenzen aufgeben zu wollen.

Man kann über Clan-Kriminalität sprechen, ohne arabische Familien unter Generalverdacht zu stellen.

Man kann sich kritisch mit dem Islam befassen, ohne alle Muslime über einen Kamm zu scheren.

Und man kann für ein humanes Asylrecht sein, ohne Gewalttaten von Geflüchteten zu beschönigen oder gar zu verschweigen.

Klimaretter oder Klimaleugner

Nicht jeder, der etwas Kritisches über Klimaaktivisten sagt, ist gleich ein «Klimaleugner». Man kann Greta Thunberg dankbar sein und trotzdem bei ihrer Wutrede vor der UNO ein gewisses Unbehagen empfinden, in der sie mit bebender Stimme den Vorwurf in die Welt schmetterte, «How dare you?» – Wie könnt Ihr es wagen? «Ihr habt meine Träume und meine Kindheit gestohlen mit Euren leeren Worten.» Das muss für diejenigen Menschen, denen ihre Kindheit durch Krieg und Zerstörung, Hunger und Vertreibung tatsächlich genommen wurde, arg befremdlich klingen. Wenn man ernst genommen werden möchte, sollte man die Kirche im Dorf lassen, pflegte meine Großmutter zu sagen.

Man kann die Frage stellen, wie es in der Vergangenheit zum Wechsel von Eiszeiten und tropischen Verhältnissen kam, obwohl weder Verbrennungsmotoren noch Massentierhaltung noch Industrieproduktion existierten. Es hat durchaus etwas Irritierendes, wenn es im Februar 1900 wärmer war als im bemerkenswert warmem Februar 2020. Man kann all diese Überlegungen anstellen, ohne den menschengemachten Anteil am Klimawandel zu leugnen. Ja, das Klima der Erde verändert sich auch ohne menschliches Zutun. Doch der Klimawandel, den wir zurzeit erleben, ist offenbar anders. Nach allem, was wir beobachten können, vollzieht er sich so schnell wie noch nie in der Erdgeschichte, und das spricht dann schon für einen erheblichen menschengemachten Anteil. Den Daten kann man jedenfalls entnehmen, dass die 2010er Jahre insgesamt das wärmste Jahrzehnt seit Beginn der Wetteraufzeichnungen Mitte des 19. Jahrhunderts waren und dass 19 der 20 wärmsten Jahre in die letzten zwei Jahrzehnte fallen. Zudem ist seit 60 Jahren jedes Jahrzehnt wärmer als das vorangegangene.

In unseren erregten Debatten entsteht leicht der Eindruck, als gebe es nur die Wahl zwischen Problem und Lösung: Klimaretter oder Klimaleugner. Hört auf die Wissenschaft oder gebt euch den Verschwörungstheoretikern auf Youtube hin. Doch ist das wirklich die Alternative, um die es geht? In einer Deutschland-Trend-Umfrage vom Mai 2019 gaben 86 Prozent der Befragten an, dass der Klimawandel menschengemacht sei. Nach meinem Eindruck ist den meisten Menschen in Deutschland auch durchaus bewusst, dass etwas gegen den Klimawandel getan werden muss. Doch was genau? Und in welchem Tempo? Welche sozialen Verwerfungen ist man bereit hinzunehmen? Wer soll wie stark belastet werden? Helfen Verbote? Gibt es andere Möglichkeiten, das Verhalten von Menschen zu steuern? Lassen sich marktwirtschaftliche Instrumente nutzen? Wie schnell kann man aus Kohle- und Atomstrom aussteigen, ohne die Versorgungssicherheit zu gefährden, auf die unser Industriestandort angewiesen ist? Sollte man einseitig auf Elektroautos setzen? Oder technologieoffen bleiben? Sind Autos mit Verbrennungsmotor überhaupt das drängendste Problem? Was ist zum Beispiel mit dem Bausektor (rund acht Prozent der globalen CO_2-Emissionen gehen auf die Zementherstellung zurück) und der Lebensmittelproduktion (im Bereich «Ernährung» verursacht der deutsche Durchschnittshaushalt etwa genauso viel Treibhausgasemissionen wie im Bereich Mobilität)? Und welche Rolle spielt das Bevölkerungswachstum? Die afrikanische Bevölkerung etwa nimmt jährlich um dreißig Millionen zu, wobei die Frauen in den ärmsten Ländern Afrikas die meisten Kinder bekommen. So oder so – die Erkenntnisse der Wissenschaft sind das eine, die politischen Konsequenzen das andere, wie uns auch die Corona-Pandemie gelehrt hat. «Die» Wissenschaft, die es genauso wenig gibt wie «die» Wahrheit, kann keinem Politiker die Entscheidung abnehmen, was sinnvollerweise wie und nicht zuletzt auch wie schnell getan werden sollte. Selbst wenn es keine Klimawandelleugner gäbe, wären die Probleme damit nicht gelöst.

Als Angela Merkel es wagte, Greta Thunberg vorsichtig zu kritisieren, traf sie ein Sturm der Entrüstung. In ihrer Rede vor den Vereinten Nationen in New York hatte Thunberg gesagt: «Wir stehen am Anfang eines Massenaussterbens und alles, worüber Ihr reden könnt, ist Geld und die Märchen von einem für immer anhaltenden wirtschaftlichen Wachstum – wie könnt Ihr es wagen? (...) Wie könnt Ihr es wagen zu glauben, dass man das lösen kann, indem man so weitermacht wie bislang – und mit ein paar technischen Lösungsansätzen? Ihr seid immer noch nicht reif genug zu sagen, wie es wirklich ist.» Merkel lobte Thunberg grundsätzlich, wies aber darauf hin, dass sie ihrer Ansicht nach nicht genug gewürdigt habe, «in welcher Weise Technologie, Innovation gerade im Energiebereich, aber auch im Energieeinsparbereich uns Möglichkeiten eröffnen, die Ziele zu erreichen». Der Blogger Sascha Lobo attestierte der Bundeskanzlerin auf *Spiegel Online* daraufhin eine bedenkliche

Form von «Greta-Skepsis». Die «Technikgläubigkeit der Greta-Skeptiker» sei nur eine Abwehrreaktion, um die eigentlich notwendigen «massiven Einschnitte in den heute normalen, westlich-industriellen Lebenswandel» zu vermeiden. Die «Greta-Skeptiker» seien daher «nicht viel besser» als die unbelehrbaren «Greta-Hasser», bilanzierte er in bewährter Entweder-oder-Manier.

In der Tat vermittelten einige Protagonisten der Klimadebatte zuletzt den Eindruck, als könne es nur *eine* Schlussfolgerung aus «den» Ergebnissen «der» Wissenschaft geben: nämlich dem kapitalistischen Wachstumspfad den Rücken zu kehren und sich in Verzicht zu üben. Auch hier wird das Entweder-oder-Denken sichtbar: Schwört eurem bisherigen Lebenswandel ab oder fahrt zur Hölle. Allerdings lässt sich gegen diese wirtschafts- und technikfeindliche Haltung einiges ins Feld führen, gerade dann, wenn man daran interessiert ist, den Klimawandel in den Griff zu bekommen.

Die Zeiten, in denen die westlichen Industrienationen den Großteil der jährlichen globalen CO_2-Emissionen zu verantworten hatten, sind inzwischen vorbei. 2018 war China für 27,5 Prozent weltweit verantwortlich, die USA für 14,8 Prozent, Indien für 7,3 Prozent und Russland für 4,7 Prozent. Auf Deutschland entfielen 2 Prozent, etwa genauso viel wie auf den Iran. Blickt man auf die Steigerungsraten seit 1990, wird schnell klar, wie diese Gewichtsverschiebung zustande kommt. Deutschland sparte bis 2018 knapp 30 Prozent ein. Der Ausstoß Chinas dagegen erhöhte sich um 350 Prozent, der Indiens um 300 Prozent und der des Iran um 240 Prozent. Dahinter stehen der Aufstieg der Schwellenländer, die Halbierung der weltweiten Armut und eine dramatische Gewichtsverschiebung der Weltwirtschaft in Richtung Asien (sowie, das sei hier am Rande erwähnt, im Fall des Iran eine verfehlte Sanktionspolitik der USA, die Investitionen in klimafreundliche Technologien verhinderte und die Nutzung der Atomenergie verzögerte, so dass der Iran zur Energiegewinnung weitgehend auf die Verbrennung von Öl und Gas angewiesen bleibt). Wer glaubt, die Klimakrise ließe sich lösen, indem die westlichen Staaten ihren Lebensstandard reduzieren, der lebt offenbar noch im Jahr 1990.

Und wie wahrscheinlich ist es, dass eine Verzichtsrhetorik, die in den satten westlichen Gesellschaften Widerhall finden kann, in den aufstrebenden, jungen, optimistischen Volkswirtschaften Asiens verfängt? Wenn Verzicht und Reduktion des Lebensstandards die einzige Lösung sein sollten, dann wäre, fürchte ich, bereits alles verloren. Bewusster individueller Verzicht und klug eingesetzte staatliche Verbote können durchaus ein Teil der Lösung sein, wie etwa bei der Bekämpfung des Ozonloches erfolgreich praktiziert. Aber wenn die Gesellschaften, die gerade erst in Richtung eines bescheidenen Wohlstandes aufgebrochen sind, nicht Wege finden, wie sie eine Verbesserung ihres Lebensstandards und eine Reduktion des CO_2-Ausstoßes unter einen Hut bekommen, dann wird das Projekt scheitern. Also wie sollte das anders gehen als durch technologischen Fortschritt?

Zudem hat die Corona-Krise noch einmal vor Augen geführt, wie fragil das kapitalistische Wirtschaftssystem ist. Wachstumseinbrüche sind nur sehr kurzfristig und unter enormen Kosten zu verkraften. Wer das «für immer anhaltende Wachstum», das wir nun schon seit dem späten 18. Jahrhundert erleben, für ein Märchen hält, der muss dann aber auch erklären, wie er mit den sozialen Verwerfungen fertigwerden will, die ein Verlassen dieses Wachstumspfades zwangsläufig zur Folge hätte. So wie «entweder Gesundheit oder Wirtschaft» eine falsch gestellte Alternative ist, so gilt dies auch für «entweder Klima oder Wirtschaft».

Wir kommen nicht darum herum, uns über konkrete Maßnahmen zu streiten, und zwar anständig – im doppelten Sinne – und ohne der jeweils anderen Seite alles Mögliche zu unterstellen. Denn eines wollen doch die meisten: die Welt als lebenswerten Ort erhalten. Und das ist doch schon mal was. Unsere gespaltene Gesellschaft ist sich im Grunde über die großen Ziele einig. Die Menschen wollen Frieden und keinen Krieg, sie wollen weder unter extremen Hitzewellen noch unter Stürmen und anderen Wetterextremen leiden, und sie wollen mit ihren Lieben ein auskömmliches Leben führen. Große, erstrebenswerte Ziele, die aller Mühen wert sind, sich jeden nur denkbaren Gedanken darüber zu machen, wie man sie am besten erreichen kann.

Das Sternchen und die Gleichberechtigung

Bis vor Kurzem fristete das Sternchen in der deutschen Sprache ein kärgliches Nischendasein. Gelegentlich wurde es einmal verwendet, um auf Erläuterungen unten auf einer Seite hinzuweisen.* Aber das war es dann auch schon im Wesentlichen. Wer hätte ahnen können, dass dieses harmlose Zeichen einmal derart im Rampenlicht stehen würde? Um seine Verwendung ist inzwischen eine Art Glaubenskampf entbrannt, der die Gesellschaft in ein fortschrittliches und ein reaktionäres Lager trennt: entweder oder. Während den einen das Blut in den Kopf schießt, sobald Autor*innen nach den Sternchen greifen, schäumen die anderen, wenn jemand die Neuerung öffentlich kritisiert und nicht «politisch korrekt» gendert.

Es gehört zum respektvollen Umgang miteinander, darauf zu achten, dass man sein Gegenüber nicht verletzt, körperlich sowieso nicht, aber auch nicht mit Worten. Dazu ist es hin und wieder nötig, sich bewusst zu machen, dass es andere Perspektiven gibt als die eigene und dass diese genauso ihre Berechtigung

* Huhu!

haben. Was man selbst als harmlos ansieht, kann auf Menschen mit einem anderen Erfahrungshintergrund herabsetzend wirken. Im persönlichen Umgang merkt man so etwas deutlich leichter als in abstrakten Debatten. Meist hilft es sich vorzustellen, man würde mit einem oder einer Betroffenen reden. Reale Menschen kennenzulernen, ist das beste Heilmittel gegen Feindbilder.

Und etwas weniger verbissen zu sein, hilft ebenso. Die für ihre Gelassenheit bekannten Rheinländer haben ein paar Sprüche parat, die sich durchaus als Lebensmotto eignen. «Leben und leben lassen» heißt einer davon; ein anderer, der im kölschen Original besser klingt als auf Hochdeutsch: Mer kann och alles övverdrieve (man kann auch alles übertreiben).

Muss man sich zum Beispiel über die grünen Ampelmännchen aufregen, wie es manche tun, die es sexistisch finden, wenn auf den Ampeln keine Frauen zu sehen sind? Und ist es nötig, gleich vor Gericht zu ziehen, wenn eine Bank auch bei einer Frau die Standardanrede «Bankkunde» verwendet? (Die Klage ist übrigens vor dem Bundesgerichtshof gescheitert.) Mir scheint jedenfalls, dass man mit etwas mehr beharrlicher Gelassenheit dem Ziel der Gleichberechtigung besser dienen würde, als wenn man sich auf einzelne polarisierende Symbole wie das Gendersternchen versteift. Denn in Umfragen zeigt sich, dass eine klare Mehrheit der Deutschen das Ziel der Gleichberechtigung von Mann und Frau grundsätzlich teilt.

Sprache ist lebendig. Sie wandelt und verändert sich mit der Zeit. Wenn Neuerungen wie ein Gendersternchen oder andere Elemente der geschlechtergerechten Sprache sich «von unten» als neue Norm herausbilden, dann ist das ein Zeichen für die Wandlungsfähigkeit einer freien Gesellschaft. Und grundsätzlich ist es ja auch wichtig, darüber nachzudenken, wie Männer und Frauen in der Sprache gleichberechtigt repräsentiert werden können. Denn psychologische Forschungen haben gezeigt, dass beim «generischen Maskulinum», also der Verwendung der männlichen Form für beide Geschlechter, die weibliche Form nicht immer mitgedacht wird, auch wenn es grammatikalisch so gemeint ist. Anders sieht es aber aus, wenn diese Neuerungen von oben verordnet werden oder man ihre Nichtbefolgung mit Sanktionen oder Ausgrenzung belegt. Die Sprache einer Gesellschaft kontrollieren zu wollen, das ist normalerweise ein Kennzeichen von Diktaturen.

Schauen Sie sich einmal die «Empfehlung für eine geschlechtergerechte Verwaltungssprache» an, die von der niedersächsischen Landeshauptstadt Hannover am 18. Januar 2019 herausgegeben worden ist. «Verwaltungssprache soll alle Menschen ansprechen. Frauen und Männer und jene, die sich nicht als Frau oder Mann selbst beschreiben. Deshalb sollen zukünftig von der Verwaltung geschlechtsumfassende Formulierungen (z. B. Beschäftigte) verwendet werden. Wenn eine geschlechtsumfassende Formulierung nicht möglich ist, ist der Genderstar (z. B. Antragsteller*innen) zu verwenden. Diese Regelung gilt für sämtlichen Schriftverkehr der Verwaltung – E-Mails, Präsentationen, Broschüren, Presseartikel, Drucksachen, Hausmitteilungen, Flyer, Briefe – und schließt somit auch Formulare ein.» Auf einem eng bedruckten zweiseitigen Flyer finden sich praktische Beispiele, sozusagen als Handlungsanweisung, und da stehen dann auch schon mal zwei Sterne bei einem Begriff: «der*die Ingenieur*in». In der Erläuterung wird erklärt, dass das Sternchen zwischen dem weiblichen und dem männlichen Artikel auf die «Vielfalt der Geschlechter» hinweisen soll. Was passiert eigentlich, wenn sich ein Angestellter der Stadt Hannover dem verweigert? Wird er dann entlassen? Und wie sieht es an den Universitäten aus? Kann man da noch Arbeiten einreichen, in denen nicht gegendert wird? Darf man überhaupt noch das Wort «man» verwenden? Und wie können diejenigen eingeschlossen werden, die sich nicht als Mann oder Frau sehen und einer nichtbinären, also weder männlichen noch weiblichen Geschlechtsidentität angehören?

Das «Nichtbinär-Wiki», eine Webseite, die sich Fragen rund um das Thema widmet, listet allein 33 Pronomen auf, die anstelle von «er» oder «sie» Verwendung finden könnten, darunter «sier», «ser», «er_sie» oder schlicht «bla». Als Beispielsätze werden angegeben: «bla wird sicher bald auftauchen. Du musst dir blahswegen keine Sorgen machen; es ist bla bestimmt nichts zugestoßen.» Der Genitiv würde dann «blas» lauten und der Dativ «blam». «Um zumindest im Schriftbild auch einen Unterschied zum männlichen Genitiv und Dativ herzustellen, kann daneben eine abweichende Schreibweise gewählt werden, und zwar im Genitiv blahs statt seiner (entsprechend das Possessivpronomen blas) und im Dativ blahm statt ihm», heißt es abschließend.

Ich denke, «man» sollte in diesen Fragen Augenmaß bewahren. Jeder sollte im Kopf haben, dass die Hälfte der Bevölkerung ausgeschlossen bleibt, wenn rein männlich formuliert wird. Aber sprachliche Inklusion darf auch nicht zum Krampf werden mit einem fein verästelten, umfangreichen Regelwerk. Viele Menschen haben ja jetzt schon Schwierigkeiten, die deutsche Sprache korrekt zu verwenden. Ob es daher verhältnismäßig ist, wenn alle wegen eines relativ kleinen Prozentsatzes der Bevölkerung 33 neue Pronomen und ihre Deklination lernen müssen, scheint mir fraglich. Das darf natürlich kein Freibrief sein, die Bedürfnisse inter- oder transsexueller Menschen zu missachten, denen viele Jahrzehnte lang schweres Unrecht widerfahren ist. Aber ob sich deren Bedürfnis nach Akzeptanz in der Gesellschaft wirklich auf Pronomen wie «bla» bezieht?

Ich hatte in einem meiner Bücher geschrieben, dass ich der erste westliche in Moskau akkreditierte *Korrespondent* war, der ein Interview mit dem damaligen sowjetischen Präsidenten Michail Gorbatschow führen konnte. Daraufhin bekam ich eine Zuschrift einer Leserin, die sich sehr freundlich über mein Buch äußerte, mir aber gleichzeitig mitteilte, dass sie über diese Ausdrucksweise doch sehr enttäuscht sei. Ich hätte *Korrespondentin* schreiben sollen. Ich habe ihr geantwortet, dass ich auf diese Weise den Sachverhalt verfälscht hätte. Denn dann hätte man ja annehmen können, es habe vor mir diverse männliche Kollegen gegeben, denen ein solches Interview bereits gelungen wäre. Ich war aber die erste Person dieser Zunft, Männer und Frauen eingeschlossen. Wie also hätte ich das mit der weiblichen Form des Begriffs treffend ausdrücken sollen? «... übrigens, vor mir war das auch keinem männlichen Kollegen gelungen»? Ich bin mehr als skeptisch, ob immer länger und komplizierter werdende Texte entscheidend dazu beitragen, wirkliche Gleichberechtigung zu erreichen. Ich fürchte im Gegenteil, dass durch mit Bandwurmformulierungen verstopfte Texte, in denen hin und wieder sogar die Grenze zur Lächerlichkeit überschritten wird, wie Reaktionen vielfach zeigen, der Sache selbst ein Bärendienst erwiesen wird.

Es hat in Deutschland in den letzten Jahren unbestreitbar Fortschritte bei der Gleichberechtigung gegeben. In der Politik etwa hat sich der Anteil der Frauen in Führungspositionen erhöht. Trotzdem gibt es auf diesem Feld sowie noch stärker in der Wirtschaft und vor allem auch beim Einkommen weiterhin viel zu tun. Frauen sind nach wie vor in Führungspositionen unterrepräsentiert, und solange es funktionierende Männer-Netzwerke gibt, wird sich daran auch nicht so leicht etwas ändern. Dennoch beschleicht mich bei allzu schematischen Quotenregelungen immer ein leichtes Unbehagen.

Was soll man etwa davon halten, wenn Friedrich Merz am 24. Februar 2020 ankündigt, er werde eine Frau zur Generalsekretärin machen, sollte er den CDU-Parteivorsitz übernehmen? Und nachdem Gesundheitsminister Jens Spahn seine Kandidatur zurückgezogen hatte, um Ministerpräsident Armin

Laschet bei dessen Kandidatur um den Parteivorsitz zu unterstützen, erklärte Norbert Röttgen, ein weiterer Bewerber um
den Posten, er wolle eine Frau als Partnerin im Team. Gründ-
licher kann man Gleichberechtigung nicht missverstehen. In
der Aussage dieser beiden Herren liegt eine beleidigende Belie-
bigkeit. Hauptsache Frau – was ist das für ein Kriterium? Weder
Merz noch Röttgen brachten konkrete Menschen ins Spiel, die
sie für qualifiziert und geeignet hielten. Diese Art von Frauenförderung hat etwas gönnerhaft Paternalistisches. Und genau
deshalb kann eine schematische Quotierung aus meiner Sicht
auch kontraproduktiv sein, denn sie kann leicht nach hinten
losgehen, wenn Quotenfrauen ihre Leistung nicht bringen:
... na sag ich doch, die Weiber kriegen das nicht hin!

Vielleicht können wir einer verträglichen Lösung auch ohne
starre Quoten näherkommen. In der akademischen Ausbildung haben Frauen inzwischen stark aufgeholt. 2019 hatten unter den 20- bis 24-Jährigen 58 Prozent der Frauen, aber nur
49 Prozent der Männer Abitur. Unter den Studierenden waren
im Wintersemester 2019/20 49,3 Prozent weiblich. Unter den
30- bis 34-Jährigen haben 30 Prozent der Frauen einen Hoch-
schulabschluss, aber nur 27 Prozent der Männer. Bei den unter
45-Jährigen waren immerhin 41 Prozent der Promovierten
Frauen und 59 Prozent Männer. Der weibliche Anteil an der
Professorenschaft beträgt allerdings nach wie vor gerade mal ein
Viertel, und nach weiblichen Dekanen oder Hochschulpräsi-
denten muss man lange suchen.

An einigen Universitäten wird deshalb ein spezielles Training
für Frauen angeboten, die sich für eine wissenschaftliche Karriere entscheiden, um auf diese Weise den Frauenanteil zu erhöhen. Für diejenigen, die außerhalb des Wissenschaftsbetriebs
arbeiten wollen, wird an manchen Stellen eine gezielte Frauenförderung mit Stipendien organisiert und in Einzelcoachings
darauf vorbereitet, wie man in Unternehmen mit männlich ge-

prägter Kultur mit eigenen Stärken und Schwächen am besten umgeht. Das wird alles nicht von heute auf morgen funktionieren, und man sollte in diesem Bestreben auch nicht vollends aus den Augen verlieren, dass gezielte Frauenförderung gleichzeitig gezielte Männerbenachteiligung bedeutet. Aber solche Wege scheinen mir persönlich stabiler und nachhaltiger zu sein als eine verordnete Quote, die so tut, als könne man aus dem Vollen schöpfen. Dem ist ja nicht so. Die Aufstellung von paritätisch besetzten Landeslisten bei Wahlen oder die Berufung an Hochschulen oder die Besetzung von Vorstandsposten – all das scheitert manchmal auch daran, dass sich nicht genügend Bewerberinnen finden, die diese Aufgabe haben möchten. Jedenfalls gibt es auch hier kein klares Entweder-oder.

Ich gebe zu, dass mein persönlicher Werdegang nicht durch männliche Unterdrückung geprägt war. Natürlich sind auch mir frauenfeindliche Strukturen und Machogehabe begegnet, schon gar zu *meiner Zeit* und von Beginn an in reinen Männerredaktionen tätig. So befand ich mich selbst noch als Moskaukorrespondentin in einer niedrigeren Gehaltsstufe als mein männlicher Vorgänger (und mein männlicher Nachfolger ...). Das hat mich geärgert, aber es hat mich nicht daran gehindert, meinen Weg zu gehen. Glück? Zufall? Sicher auch, aber nicht nur. Wer ständig alle Widrigkeiten des Lebens darauf reduziert, dass man als Frau mal wieder benachteiligt und ungerecht behandelt wurde, der verliert seine Unbefangenheit und Glaubwürdigkeit gleichermaßen. Man läuft Gefahr, zu einem verkniffenen, verkrampften Wesen zu werden und genau die Opferrolle anzunehmen, die das Klischee für Frauen vorsieht. Etwas mehr Gelassenheit hilft auch hier. Wer globalen Schuldzuweisungen und pauschalen Feindbildern misstraut, sich selbst «zulässt», ohne sich an kurzlebigen Wunschvorstellungen zu orientieren – zu meiner Zeit hieß die Alternative Beruf *oder* Familie, heute steht Beruf *und* Familie im Vordergrund –, der hat gute Chan-

cen, sich als Frau zu behaupten, sich dabei richtig wohl zu fühlen und ganz konkret, nicht bloß theoretisch, dafür zu sorgen,
dass diese Welt in Zukunft keine «Männerwelt» mehr ist.

Wie hältst du es mit dem Kopftuch?

Schädliches Entweder-oder-Denken lässt sich in vielen unserer
Debatten beobachten. In der Einwanderungs- und Flüchtlingspolitik etwa wird gelegentlich so diskutiert, als ginge es um die
Alternative, entweder offene Grenzen zu haben oder sich abzu-
schotten. «Menschen schützen statt Grenzen», skandieren die
einen. «Bevölkerungsaustausch» und «Umvolkung» die anderen. Stattdessen geht es doch auch hier um ein Sowohl-als-auch:
die Kontrolle zu behalten, wer zu uns kommt, und gleichzeitig
ein offenes Land zu bleiben. Die Politik hat dies in den letzten
Jahren mühsam auszutarieren versucht – und wird dafür von
beiden Seiten beschimpft.

Ein weiteres Reizthema ist das Kopftuch. Wer es kritisiert,
dem wird schnell «antimuslimischer Rassismus» vorgeworfen.
Wer es verteidigt, wird der «Unterwerfung» bezichtigt. Im Mai
2019 fand an der Frankfurter Universität eine Konferenz statt,
auf der kontrovers über das Kopftuch diskutiert werden sollte.
Im Vorfeld bildete sich eine Studenteninitiative, die die Ent-
lassung der Veranstalterin forderte und die Konferenz verhindern wollte, weil sie «rassistisch» sei. Das Treffen musste schließlich unter Polizeischutz abgehalten werden. Umgekehrt finden
sich mitunter Berichte darüber, dass muslimischen Frauen ihre
Kopftücher heruntergerissen und sie rassistisch beleidigt werden. Im Februar 2019 etwa attackierte ein Mann im Berliner
Stadtteil Marzahn zwei syrische Mädchen im Alter von 15 und
16 Jahren, riss ihnen die Kopftücher herunter, beleidigte sie
fremdenfeindlich und schlug ihnen mehrfach mit der Faust ins

Gesicht. Die beiden mussten daraufhin ambulant in einem Krankenhaus behandelt werden.

Ich tue mich schwer mit dem Gedanken, dass Musliminnen ihren Kopf oder gar ihren ganzen Körper verhüllen, sobald sie in die Öffentlichkeit treten. Aber ich bin keine Gläubige des Islam, muss mich folglich damit auch nicht näher beschäftigen. Allerdings reagiere ich als liberal denkendes Individuum eines bestimmten Kulturkreises ablehnend, wenn Menschen etwas aufgezwungen wird. Doch was ist mit denjenigen, die sich freiwillig so kleiden? Die gibt es auch. Und so macht es selbstverständlich einen Unterschied, ob Frauen in von Männern regierten islamischen Staaten verfolgt und bestraft werden, wenn sie sich nicht an eine bestimmte Kleiderordnung halten, oder ob sie sich aus freien Stücken so verhüllen. Anders ausgedrückt: Ich respektiere Frauen mit Minirock, mit langen Hosen, mit und ohne Hut – warum also nicht auch mit Kopftuch, Chimar, Burka, Abaja, Tschador, Nikab, oder was es da sonst noch alles gibt?

Kompliziert wird es erst, wenn es nicht nur um Spaziergänger auf den Straßen geht, sondern um Funktionsträger und Institutionen in einer nicht muslimischen Gesellschaft. Immer mal wieder findet dieses Thema unter dem Stichwort «Kopftuchverbot» seinen Weg in die Schlagzeilen und wird breiter diskutiert. Wenn Menschen anderer Kulturkreise in ein traditionell christlich geprägtes Land eingewandert sind, dann haben sie ein Recht auf Gleichbehandlung. Haben sie auch das Recht, nach ihren Regeln zu leben und sich genauso zu benehmen, wie es ihr kultureller oder religiöser Hintergrund von ihnen verlangt? Wie sollen Schulen, Krankenhäuser oder Verwaltungen in Deutschland damit umgehen? Auf diese Frage sind durchaus verschiedene Antworten denkbar. Es kommt auf die Prioritäten an, die man setzt und die eine Gesellschaft in ihrer Gesamtheit bereit ist mitzutragen. Und darüber muss man offen diskutieren

und streiten dürfen, ohne gleich ein ausgrenzendes Etikett an-
geheftet zu bekommen, mit dem man für den weiteren ernst-
haften Diskurs disqualifiziert wird.

Ich drehe den Spieß einmal um. Als ich vor Jahren verschiedene arabische Länder bereiste, war ich meist in lange Gewän-
der gekleidet und hatte ein Tuch um den Kopf geschlungen,
weil ich mich als Gast in diesen Ländern so verhalten wollte,
wie die Menschen, die dort leben, es gewohnt sind. Man hat es
nicht von mir erwartet, geschweige denn von mir verlangt, aber
es war zu spüren, dass es als Wertschätzung empfunden wurde.
Ich kann auch nachvollziehen, dass Gesellschaften, die so etwas
wie die sexuelle Revolution Ende der sechziger Jahre des vorigen
Jahrhunderts nicht durchlaufen haben, entblößte Haut als an-
stößig empfinden und mit Nacktheit nicht unbefangen umgehen können (das können bei uns trotz sexueller Revolution ja
auch nicht alle ...). Es macht keinen Sinn, sich mit «westli-
chem» Erfahrungshintergrund darüber lustig zu machen, oder
sich mit der Überzeugung, freier und moderner zu sein, das
Recht herauszunehmen, die Regeln anderer Gesellschaften zu
missachten. Auf die Frage «Wie hältst du es mit dem Kopftuch?
Dafür oder dagegen? Ja oder nein? Entweder oder?» würde ich
daher antworten: Es ist kompliziert ...

Die deutsche Schuld

Auch mit Blick auf die deutsche Geschichte gibt es unerquick-
liche Entweder-oder-Positionen. Es ist sehr wohl möglich, als
Deutscher die Erinnerung an das Dritte Reich und seine Verbrechen lebendig zu halten und dennoch ohne schlechtes Gewissen ein eigenständiges Selbstbewusstsein zu entwickeln. Es
hat sich so ergeben, dass ich mehrfach das Lager Dora besucht
habe, das frühere Konzentrationslager im thüringischen Nieder-

sachswerfen, am Südhang des Kohnsteins, wo Häftlinge bei
der Waffenproduktion eingesetzt wurden bzw. zunächst einmal
die unterirdischen Stollen schaffen mussten, in denen dann die
berühmt-berüchtigten Raketen V1 und V2 produziert werden
konnten. Ich werde nicht der einzige Mensch sein, der seine
Gefühle und Gedanken bei solchen Besuchen nicht angemessen in Worte fassen kann. Von Schmerz zerrissen; von Scham
niedergedrückt; von der Sehnsucht erfüllt, irgendwo um Vergebung bitten zu können. Niemals darf diese Barbarei vergessen
werden, und jeder Deutsche ist verpflichtet, alles dafür zu tun,
dass sich solche Dinge nicht einmal im Ansatz wiederholen!
Aber um dafür eintreten und kämpfen zu können, darf man
nicht mit gebücktem Rücken und gesenktem Blick durch die
Gegend laufen. Es wird nur selbstbewusst gelingen.

Über das Mahnmal in Berlin, das Stelenfeld zum Gedenken
an den Holocaust, hat Björn Höcke, Sprecher des AfD-Landes-
verbands Thüringen, im Januar 2017 in einer Rede in Dresden
gesagt: «Wir Deutschen [...] sind das einzige Volk der Welt, das
sich ein Denkmal der Schande in das Herz seiner Hauptstadt
gepflanzt hat.» Wenn er nach diesem Ausspruch nicht eine «er-
innerungspolitische Wende um 180 Grad» gefordert hätte, dann
könnte man zustimmen: Ja, wir haben ein Denkmal im Herzen
unserer Hauptstadt, das an die Schande dauerhaft erinnert.
Und das ist gut so. Und trotzdem oder gerade deswegen können
wir als Deutsche mit erhobenem Haupt durchs Leben gehen.
Wer die Kraft hat, sich der verbrecherischen Vergangenheit seines eigenen Landes zu stellen, der muss sich nicht verstecken
und hat sich das Recht erworben, auf internationalem politischen Parkett selbstbewusst aufzutreten.

Sowohl-als-auch hat viel mehr mit der Realität zu tun als
Entweder-oder. «Ja, aber ...» und «nein, obwohl ...» sprechen
für Nachdenklichkeit und differenziertes Denken. Das hat
nichts mit Unentschlossenheit zu tun, wie vielfach zu hören ist,

oder gar mit Schwäche. Im Gegenteil, es erfordert eine gewisse Stärke, sich so zu äußern und gegen den Strom zu schwimmen.

In der täglichen Praxis der Journalisten ist der Zwang hinderlich, alles in immer noch kürzerer Zeit «auf den Punkt» bringen zu müssen, damit es schlagzeilentauglich verarbeitet werden kann. Das funktioniert mit Entweder-oder-Positionen natürlich besser. Und es gibt mit Blick auf Politiker-Statements sehr wohl ein berechtigtes Interesse der Bürger zu wissen, wofür jemand steht. Aber wie schon Albert Einstein sagte: «Man soll die Welt so einfach wie möglich machen, aber nicht einfacher.»

Tatsache ist, dass durch Polarisierung eine gewisse Kampfhaltung entsteht und gleichzeitig die Mitte eliminiert wird. Denn es wird erwartet, dass man sich zu *einer* Seite bekennt. Das wiederum führt dazu, dass Kompromisse erschwert werden, dass insgesamt die Kompromissfindung abgewertet wird, wie sie unsere Politiker immer noch in bemerkenswert ruhiger und gelassener Weise betreiben. Denn sie beruht ja gerade darauf, die Mittelpositionen zu erkennen. Nur wer davon ausgeht, dass auch in der Gegenposition ein Körnchen Wahrheit liegen kann, ist fähig zu Kompromissen. Und Kompromisse sind das Schmiermittel der Demokratie. Ohne Kompromisse kann unser politisches System nicht funktionieren, schon gar nicht in einer Zeit, in der die Parteienzersplitterung wieder zunimmt. Sowohl-als-auch passt daher sehr viel besser zu unserer demokratischen Ordnung als Entweder-oder.

Hysterikerland

Wenn man Klimaaktivisten zuhört, dann naht das Ende des Planeten als bewohnbarer Raum. Nach Ansicht von Pegida und weiten Teilen der AfD steht Deutschland vor einer «Umvolkung» und wird demnächst von Moslems beherrscht. In einer anderen Ecke der Gesellschaft befürchtet man die baldige Machtübernahme durch Nazis und raunt, «noch» gebe es die Demokratie in Deutschland. Wutbürger werfen Politikern vor, korrupt zu sein und alles falsch zu machen, egal was sie tun. Den Äußerungen von Jusos und der Linkspartei kann man entnehmen, dass die Armut immer dramatischer wird und gleichzeitig ein neoliberaler Sozialabbau stattfindet. Gelegentlich liest man sogar, unser Sozialstaat befinde sich inzwischen auf «Suppenküchenniveau». Kurz und gut: Es muss schon ganz schön furchtbar sein, hier zu leben.

Dazu passt nicht wirklich die im *Glücksatlas* der Deutschen Post 2019 festgestellte Zufriedenheit der Bundesbürger. Es ist bereits die neunte Studie dieser Art, die von der Post – warum auch immer – in Zusammenarbeit mit Meinungsforschungsinstituten vorgelegt wurde. Auf einer Skala von 0 bis 10 (0 = ganz und gar unzufrieden, 10 = ganz und gar zufrieden) lautet der Wert für die Lebenszufriedenheit 7,14. Was immer man von solchen Studien halten mag, der Ausschlag nach oben ist schon deutlich. Noch nie lag dieser Wert so hoch. Wie kommt es dann, dass dennoch allenthalben gejammert und geklagt wird? Liegt es vielleicht daran, dass Menschen vielfach ihre eigene Lage als durchaus komfortabel einschätzen, aber bei den meisten anderen Personen Probleme und Elend vermuten? Weil es das ist, was man ständig in der Zeitung liest, im Radio hört und im Fernsehen sieht? Die eigene Situation kann man selbst beurteilen, die der anderen entnimmt man den Medien. «Was wir über die Gesellschaft, ja über die Welt, in der wir leben, wissen, wissen wir durch Massenmedien», stellte der deutsche Soziologe Niklas Luhmann schon Mitte der neunziger Jahre des vorigen Jahrhunderts in seinem Buch *Die Realität der Massenmedien* fest. Und in diesen macht sich «Apokalypse statt Aufklärung» breit, wie es der ehemalige ARD-Tagesthemen-Moderator Ulrich Wickert 2016 formuliert hat.

Im Ringen um die knappe Ressource Aufmerksamkeit wird zugespitzt und skandalisiert. Ein Artikel, in dem vor dem nahenden Untergang gewarnt wird, löst mehr Emotionen aus und generiert mehr Klicks als eine nüchterne Analyse der langweiligen Detailprobleme, in der aber bekanntermaßen meist die Lösung steckt. Und so wie ein Drogenabhängiger mit der Zeit immer wieder seine Dosis erhöhen muss, so muss auch in der öffentlichen Debatte immer noch eins drauf gelegt werden, um die Erregung hochzuhalten, auf dass eifrig geklickt werde und die Werbeeinnahmen sprudeln.

Die Frage, was zuerst da war, die Erregung der Wutbürger oder die skandalisierende Berichterstattung, ist ein bisschen so wie die nach der Henne und dem Ei. Sicher ist, dass sie sich gegenseitig verstärken. Und wenn Medien ihr Angebot auf die Überzeugungen eines bestimmten Publikums zuschneiden, dann entstehen auch hier und nicht nur in den *sozialen* Medien Echokammern, die unsere Gesellschaft spalten.

Auf diese Weise können die lauten, extremen Ansichten ein Gewicht bekommen, das ihrem Rückhalt in der gesamten Bevölkerung nicht entspricht. Wer unsere öffentlichen Debatten verfolgt, kann leicht den Eindruck gewinnen, er lebe in einem Hysterikerland. Und das ist nicht nur anstrengend, sondern untergräbt zudem das Fundament unserer Demokratie. Denn wer aus welchen Gründen auch immer das nahe Ende seiner Welt erwartet, der wird sich mit Kompromissen schwertun. Im Angesicht der drohenden Katastrophe gewinnen radikale Lösungen an Überzeugungskraft. Und wenn die Politik sich diesen verschließt, eben weil sie zu radikal sind, dann wenden sich die Untergangspropheten vom bestehenden System ab und fühlen sich ermächtigt, die Sache in die eigenen Hände zu nehmen. Dies ist ein vergifteter Cocktail. Er führt zu einer Radikalisierung, die sich am Ende sogar in Gewalttaten äußern kann, und dies auch schon tut.

Wer davon ausgeht, dass eine neue «Machtergreifung» droht, gegen die der Staat wie schon vor 1933 nichts oder zu wenig unternimmt, der kann sich dadurch legitimiert fühlen, als «Nazis» erkannte Mitbürger zu drangsalieren. Wer den «Eliten» eine Politik unterstellt, die auf den Untergang des eigenen Volkes abzielt, der fühlt sich womöglich berechtigt, dem auf eigene Faust Einhalt zu gebieten, und greift zur Waffe, wie etwa beim Mord am Kasseler Regierungspräsidenten Walter Lübcke im Juni 2019 geschehen. Und bei manchen Klimaaktivisten stellt sich die Frage, wie sie ihren Widerstand fortführen, wenn sich die Politik ihrer Meinung nach nicht genug bewegt.

Damit will ich diese unterschiedlichen Strömungen nicht gleichsetzen. Es geht mir vielmehr darum, darauf hinzuweisen, wie leicht sich Menschen radikalisieren können, die in Katastrophenszenarien denken. Dieses Denken scheint eine große Anziehungskraft zu besitzen. Es beschleunigt den Puls und erhöht die Bedeutung des eigenen Tuns, schließlich will man die Welt – so oder so – retten. Doch hilft es auch, diese Welt zu verstehen und sie ganz konkret zu verbessern?

«Die Armutsdebatte nützt den Armen nicht»

Deutschland hat ein «flächendeckendes Armutsproblem», so der Sozialverband VdK. Wissenschaftler wie Christoph Butterwegge beklagen, dass die Armut in unserem Land immer weiter zunehme, die Kluft zwischen Arm und Reich sich immer weiter vertiefe und der Sozialstaat im Zeichen des Neoliberalismus abgebaut werde. Das stelle eine Gefahr für die Demokratie dar, so Butterwegge. Und bis vor Kurzem verkündete jeder Armutsbericht des Paritätischen Gesamtverbands, dass sich die Armut in Deutschland auf einem «neuen historischen Höchststand» befinde. Dass Armut bekämpft werden muss, darauf werden sich wohl die allermeisten einigen können. Aber was und wer genau ist mit «arm» gemeint? Worauf bezieht sich die Behauptung, die Armut in Deutschland sei auf einem Höchststand?

Die Weltbank gibt als Schwelle für absolute Armut eine Kaufkraft von 1,90 US-Dollar pro Tag an. Das wären etwa 58 US-Dollar im Monat. Absolute Armut beschreibt einen Zustand, in dem es einem Menschen am Lebensnotwendigen fehlt, so dass seine physische Existenz unmittelbar bedroht ist. Armut in diesem Sinne kommt in Deutschland dank unseres Sozialstaates kaum vor. Aber es wäre unseriös, so zu tun, als gäbe es aufgrund dessen keine Armen in unserem Land. Denn eine realistische Armutsdefinition muss den Wohlstand der betreffenden Gesellschaft berücksichtigen. Noch in den fünfziger Jahren waren Fernseher ein Luxusgut, das wenigen vorbehalten war. Heute dagegen werden sie in Deutschland zum Existenzminimum gerechnet.

Der Rat der Europäischen Gemeinschaft hat 1985 eine relative Armutsdefinition erstellt. Danach gelten Menschen als arm, «die über so geringe (materielle, kulturelle und soziale) Mittel verfügen, dass sie von der Lebensweise ausgeschlossen sind, die in dem Mitgliedstaat, in dem sie leben, als Minimum annehmbar ist». Doch wie misst man das? Heute wird dazu in der Regel das Nettomedianeinkommen herangezogen. Dabei handelt es sich um das mittlere Einkommen, nicht das Durchschnittseinkommen. Es bezeichnet den Punkt, an dem 50 Prozent der Haushalte weniger und 50 Prozent mehr zur Verfügung haben, während beim Durchschnittseinkommen einfach die Summe aller Einkommen durch die Zahl der Einkommensbezieher geteilt wird. Das Durchschnittseinkommen liegt meist deutlich höher als das mittlere Einkommen, weil es durch die Einkünfte der Spitzenverdiener nach oben getrieben wird. Wenn man messen will, inwieweit eine Person am Lebensstandard der Mitte teilhaben kann, ist es daher sinnvoll, das Medianeinkommen zu betrachten. Dieses wird dann noch «bedarfsgewichtet», weil es einen Unterschied macht, ob jemand allein oder mit mehreren Personen in einem Haushalt lebt und ob es sich bei diesen Personen um Kinder handelt oder nicht. Grob gesagt ist es immer teurer, allein zu leben, da Miete, Heizkosten etc. nicht proportional mit der Zahl der im Haushalt lebenden Personen wachsen. Zudem geht man davon aus – ob zu Recht oder Unrecht sei dahingestellt –, dass Kinder nicht so viel Geld zum Leben benötigen wie Erwachsene.

Wer nun als Haushalt über weniger als 60 Prozent dieses bedarfsgewichteten Nettomedianeinkommens verfügt, der lebt nach der heute in Europa verwendeten Definition im Armutsrisiko. Gelegentlich werden auch noch weitere Grenzwerte herangezogen, etwa der, dass wirklich arm ist, bei wem dieser Wert auf 40 Prozent absinkt. Doch diese Differenzierungen sind inzwischen aus der öffentlichen Debatte weitgehend verschwunden. Auch im Armuts- und Reichtumsbericht der Bundesregierung wird in der Regel nur noch der 60-Prozent-Wert und damit die Armutsgefährdung, die «Armutsrisikogrenze», angegeben. Laut dem letzten, dem 5. Bericht betraf dies 2017 je nach verwendetem Datensatz zwischen 15,8 und 16,1 Prozent der Bevölkerung. Das waren etwa 13,2 Millionen Menschen.

Wer die Berichterstattung rund um das Thema Armut verfolgt, der merkt sehr schnell, dass in der Regel nicht zwischen Armut und Armutsrisiko unterschieden wird. «Vor zwanzig Jahren in der Bundesrepublik noch undenkbar: Menschen durchsuchen Mülleimer auf der Suche nach Pfandflaschen. Menschen, die an Tafeln für Nahrungsmittel Schlange stehen. Das ist Armut in Deutschland heute», heißt es etwa auf den Internetseiten der Bundestagsfraktion der «Linken». Und zu Recht wird dort festgestellt: «In einem der reichsten Länder der Welt ist Armut ein unerträgliches und vermeidbares Phänomen.» Doch ist es zutreffend, wenn man diese Art von Armut, die dem Bild entsprechen dürfte, das man für gewöhnlich im Kopf hat, wenn der Begriff Armut fällt, mit den 16 Prozent der Bevölkerung in Zusammenhang bringt, die sich im Armutsrisiko befinden? 2017 lag die Grenze, unter der man im Armutsrisiko lebte, nach der EU-Statistik in Deutschland bei einem verfügbaren monatlichen Nettoeinkommen von 1136 Euro für Alleinstehende und 2385 Euro für ein Paar mit zwei Kindern. Das ist beileibe nicht viel. Aber es ist auch nicht so wenig, dass jeder, der darunter fällt, im Müll nach Pfandflaschen suchen müsste.

Es ging mir nicht immer so gut wie heute. Ich musste beim Lebensmitteleinkauf gezielt Sonderangebote nutzen. Was Kleidung betraf – nur das Nötigste und schon gar nicht das, was «in» und teuer war. Und Urlaub? Kein Denken daran. Statistisch lebte ich sicher im Armutsrisiko. Aber war ich deshalb arm? Es ist für die meisten Menschen selbstverständlich, dass die Gesellschaft den «wirklich» Armen und Bedürftigen hilft, schon gar, wenn es um Kinder geht oder alte Menschen, die ihr

Leben lang gearbeitet und für andere gesorgt haben, oder um Kranke, die sich nicht mehr selber helfen können. Davon bin ich überzeugt.

Ich glaube, dass sich Menschen weltweit nach einer Kombination aus marktwirtschaftlicher Freiheit (ohne es unbedingt so zu nennen) und staatlicher Sicherheit sehnen. Sich selbst entfalten können, Verantwortung übernehmen für das, was man tut oder nicht tut, und sicher sein, dass man von der Gemeinschaft, in der man lebt, aufgefangen wird, wenn man Hilfe braucht. Utopie? Ist es nicht so, dass die meisten Menschen sich wünschen, dass es allen gut geht, dass Alte, Schwache und Kranke von der Solidargemeinschaft aufgefangen werden und alle die gleichen Chancen haben? Ist das christlich – oder kommunistisch? Warum muss immer ein Stempel drauf? Damit man weiß, ob man dafür oder dagegen zu sein hat?

Stimmen die Maßstäbe, wenn Armut hier bei uns im gleichen Atemzug genannt wird wie die Armut in Ländern, in denen sie Elend und Verhungern bedeutet? Und wenn vor immer neuen Höchstständen der Armut gewarnt wird, obwohl in Wahrheit nur das statistische Armutsrisiko zugenommen hat? Das steigert die Wut und verstärkt die Polarisierung: hier die Reichen mit dem unvermeidlichen SUV und dort die Armen, auf deren Kosten all das geschaffen wurde und die es in einem so reichen Land wie dem unseren eigentlich nicht geben dürfte.

Wenn von Armut die Rede ist, dann entstehen im Kopf in der Regel Bilder von Menschen, die unter Entbehrungen leiden. Doch die Armutsrisikoquote, die unsere Debatten über Armut bestimmt, misst eine relative Einkommensposition. Sie ist eher ein Indikator für soziale Ungleichheit als für das, was wir gemeinhin unter Armut verstehen. So bleibt sie beispielsweise gleich, wenn der Wohlstand wächst, es also allen besser geht, aber die relative Einkommensverteilung sich nicht ändert.

Und wenn die oberen Einkommensschichten prozentual mehr vom Wohlstandszuwachs profitieren, dann wächst die Armut sogar, obwohl alle mehr haben als zuvor.

Wie sich diese statistischen Effekte konkret auswirken, hat der ehemalige Geschäftsführer der Caritas, Georg Cremer, in seinem Buch *Armut in Deutschland* am Beispiel Griechenlands ausgeführt. Zwischen 2004 und 2009 stieg dort das Medianeinkommen um 27 Prozent, die griechische Gesellschaft erlebte also große Wohlstandszuwächse – auf Pump, wie sich später herausstellte. Zwischen 2009 und 2014 stürzte das Medianeinkommen dann in der Krise um 37 Prozent ab, die Menschen wurden also um einiges ärmer. Doch die griechische Armutsrisikoquote lag die ganze Zeit bei etwa 20 Prozent, weil die relative Einkommensverteilung gleich blieb. Wer nur auf diese Zahl schaut, muss zu der absurden und geradezu zynischen Schlussfolgerung kommen, dass der dramatische Einbruch der griechischen Wirtschaft niemanden arm gemacht habe.

Ganz anders sieht es dagegen aus, wenn man Umfragen heranzieht, bei denen Menschen EU-weit befragt werden, ob sie materielle Entbehrungen erleiden. Während die Armutsrisikoquote gleich blieb, verdoppelte sich in Griechenland zwischen 2009 und 2014 die Zahl derer, auf die das zutraf. In Deutschland kam diese Erhebung 2014 auf 11 Prozent der Bevölkerung, die materielle Entbehrungen erlitten, und 5 Prozent, die von erheblichen materiellen Entbehrungen betroffen waren. Interessanterweise gaben zudem 50 Prozent der im Armutsrisiko lebenden Haushalte an, sie kämen mit ihrem Einkommen relativ gut, gut oder sogar sehr gut zurecht. Dies zeigt eindeutig, dass die pauschale Gleichsetzung von Armut und Armutsrisiko mehr als problematisch ist.

Es kommt noch etwas hinzu. Wenn man sich die Fragen in der EU-Erhebung anschaut, anhand derer materielle Entbehrungen festgestellt werden sollen, dann stößt man unter anderem auf «Haben Sie Probleme unvorhergesehene Ausgaben in Höhe von 1000 Euro zu bestreiten?» oder «Fehlt ein PKW aus finanziellen Gründen?» oder «Haben Sie die Möglichkeit, jährlich eine Woche Urlaub woanders als zu Hause zu verbringen?» Wer drei der insgesamt neun Fragen mit Ja beantwortet, lebt im Zustand materieller Entbehrung. Ein Ja auf diese drei Fragen reicht also schon für die Einstufung. Das Kriterium «erhebliche materielle Entbehrung» ist bei vier Mal Ja erfüllt.

Wozu all das führen kann, verdeutlicht Georg Cremer am Beispiel von Luxemburg. Dort beträgt die Armutsrisikoquote 16 Prozent und liegt damit kaum unterhalb des EU-Durchschnitts, wobei die 60-Prozent-Grenze in Luxemburg bei einem verfügbaren monatlichen Nettoeinkommen von 1716 Euro liegt und sich damit ungefähr in derselben Höhe bewegt wie das Medianeinkommen in Deutschland. Nach der beschriebenen EU-Umfrage empfinden lediglich 5 Prozent der Luxemburger materielle Entbehrungen und nur 1,4 Prozent erhebliche materielle Entbehrungen. Das zeigt, wie problematisch es ist, wenn man nicht zwischen Armut und einer niedrigen Position innerhalb der Einkommensverteilung eines Landes unterscheidet, sondern alles in einen Topf wirft. Um es nochmal deutlich zu machen: Von den 16 Prozent, die in Luxemburg unter die «Armutsrisikoquote» fallen, empfinden etwa zwei Drittel gar keinen und über 90 Prozent keinen erheblichen Mangel. Wie kann das sein? «Dann verliert der Begriff Armut seinen Sinn», schlussfolgert Cremer. Umgekehrt funktioniert es statistisch im Übrigen ähnlich. Wer ist denn reich? Laut Armuts- und Reichtumsbericht der Bundesregierung beginnt Einkommensreichtum bereits bei einem Verdienst, der das bedarfsgewichtete Nettomedianeinkommen um das Doppelte übersteigt. Im Jahr 2017 fiel damit bereits ein Alleinstehender mit einem monatlichen Nettoverdienst von 3787 Euro darunter. Das ist ein gutes Einkommen, keine Frage, hat aber mit dem Film, der im Kopf beim Begriff «Reichtum» abläuft – analog zur Armut –, nicht wirklich viel zu tun.

Auf keinen Fall will ich das Leid verharmlosen, das Menschen in finanziell schwierigen Lagen in Deutschland erfahren. Es gibt so unendlich viele Abstufungen in den Lebensgeschichten von Menschen, die sich durch Vordrucke und Formulare nicht angemessen erfassen lassen. Ich habe großen Respekt vor den Mitarbeitern in den entsprechenden Behörden, die sich nach Kräften bemühen, auf Einzelschicksale einzugehen. Es gibt allerdings auch die anderen, die das alles überfordert oder denen das Bewusstsein abhanden gekommen ist, dass es sich um Menschen und nicht um Fälle handelt. Ich kann mir vorstellen, wie entwürdigend es ist, auf Gedeih und Verderb von der Beurteilung Einzelner abhängig zu sein, und ich kann verstehen, dass sich nicht jeder, dem staatliche Hilfe zusteht, in diese Mühle begeben will, die einem das vermutlich ohnehin ramponierte Selbstwertgefühl vollends raubt. Es gibt erschütternde Fälle von Armut, die sich eine Gesellschaft wie die unsere nicht leisten sollte. Doch das Thema Armut eignet sich nicht für ideologische Grabenkämpfe, die letztlich auf dem Rücken der Schwächsten ausgetragen werden. «Die derzeitige Armutsdebatte in Deutschland nützt den Armen nicht», so bringt es Georg Cremer auf den Punkt. Denn ihnen wird nicht durch rituelle Empörung geholfen, sondern durch ebenjenes «Klein-Klein» an konkreten Hilfen und Verbesserungen im Netz unseres Sozialstaates, das diejenigen verächtlich wegwischen, die das Thema zu einer Generalkritik an unserem «System» benutzen wollen.

Ich glaube den meisten Kritikern ihr aufrichtiges Engagement. Und es bleibt auch viel zu tun, um die soziale Gerechtigkeit in Deutschland zu befördern. Denn tatsächlich hat die Ungleichheit gemessen an Einkommen und Vermögen den höchsten Wert seit der Wiedervereinigung erreicht. Eine Tatsache ist auch, dass der soziale Friede empfindlich gestört werden kann, wenn die Kluft zwischen Arm und Reich zu groß wird. Aber deswegen ist es doppelt wichtig, mit dem Thema Armut seriös umzugehen. Es hat etwas mit Verantwortung zu tun, nicht in Alarmismus zu verfallen und nicht der Versuchung zu erliegen, das Thema zu missbrauchen, um eigene parteipolitische Süppchen zu kochen. Denn wer so tut, als hätten wir in Berlin Zustände wie in Kalkutta, der sägt damit letztlich auch an den Stützpfeilern unserer Demokratie.

Dasselbe gilt für das Gerede, der «neoliberale Sozialabbau» habe nur einen «Suppenküchensozialstaat» übriggelassen. Tatsächlich nimmt die Zahl der Beschäftigten im Sozialstaatssektor beständig zu, und wir geben jedes Jahr etwa 30 Prozent unserer Wirtschaftsleistung für ihn aus. Gemessen an der Sozialleistungsquote, also dem Anteil der Sozialausgaben am Bruttoinlandsprodukt, hat es sogar überhaupt keinen Sozialabbau gegeben. Wer behauptet, es seien nur noch Rudimente unseres Sozialstaates übriggeblieben, der verkennt nicht nur die Realität. Er würdigt auch die Leistungen unseres Staates herab. Und damit spielt er letztlich genau denen in die Hände, die den Bürgern einreden wollen, die Demokratie tue nichts für sie und die Politik interessiere sich nicht für die Belange der Bevölkerung.

Der Splitter und der Balken

Wer denen zuhört, die man gemeinhin als «Rechtspopulisten» bezeichnet, der bekommt schnell den Eindruck, dass die Welt in Ordnung wäre, wenn es nur die Intoleranz und die Hysterie der Linken nicht gäbe. Es gibt Haltungen und Äußerungen im Kampf gegen den Rechtspopulismus, die mich ebenfalls befremden. Manch einer gießt noch Öl ins Feuer, anstatt unsere Demokratie durch Versöhnung und Kompromiss zu stabilisieren. Aber so zu tun, als läge die Ursache für die zunehmende

Spaltung der Gesellschaft vor allem auf der Linken, zeugt nicht gerade von einer großen Fähigkeit zur Selbstkritik. Es erinnert mich an die Geschichte vom Splitter im Auge des anderen und dem Balken im eigenen. Denn die hysterischen Überspitzungen aus dem Lager der «Rechtspopulisten» haben entscheidend dazu beigetragen, das Klima in unseren Debatten und unserer Gesellschaft zu vergiften.

Sicher, in der Flüchtlingskrise 2015 sind Fehler gemacht worden, und die überschwängliche «Willkommenskultur», die für eine Weile auch die Arbeit in manchen Redaktionen dominierte, war naiv und nicht zu Ende gedacht. Es ist vollkommen legitim, illegaler Einwanderung skeptisch gegenüberzustehen und die Forderung nach einer Abschaffung aller Grenzen für realitätsfremd zu halten. Doch auf den Demonstrationen damals wurden Galgen mitgeführt, an die man Angela Merkel zu hängen wünschte. Ohne die tatsächlichen Probleme kleinreden zu wollen, die durch die hohe Zahl an Flüchtlingen und Asylbewerbern entstanden sind: Deutschland steht wegen dieser Menschen nicht vor dem Untergang, und sie sind auch nicht für alle Unzulänglichkeiten verantwortlich, mit denen es unser Land seitdem zu tun hat. In der Flüchtlingskrise gingen bei manchem am rechten Rand des politischen Spektrums die Maßstäbe und der Realitätssinn verloren, und das wirkt bis heute nach.

Einige fühlen sich angesichts des «Merkel-Regimes» «an die letzten Tage der DDR» erinnert, wie es etwa Alexander Gauland 2018 formulierte. Andere rufen unverhohlen dazu auf, ein Zeichen für die «Beendigung der Herrschaft des Unrechts» zu setzen und das Land «an den Iden des März» zu befreien. (An den Iden des März, also in der Monatsmitte, wurde im Jahr 44 v. Chr. der römische Diktator und Feldherr Julius Caesar ermordet.) Es ist von drohender «Umvolkung» die Rede, von einem «Plan zum Volksaustausch», gar vom «bevorstehenden

Volkstod» und von der totalen Afrikanisierung, Orientalisierung und Islamisierung unserer Gesellschaft. Geht es auch eine Nummer kleiner?

Originalton Björn Höcke bei seiner Rede im Ballhaus Watzke in Dresden Anfang 2017: «Unser einst intakter Staat befindet sich in Auflösung, seine Außengrenzen werden nicht mehr geschützt, er kann die innere Sicherheit nicht mehr garantieren, das Gewaltmonopol erodiert zusehends durch Inkaufnahme rechtsfreier Räume, und der allgemeine Rechtsverfall schreitet voran. (…) unser liebes Volk ist im Inneren tief gespalten und durch den Geburtenrückgang sowie die Masseneinwanderung erstmals in seiner Existenz tatsächlich elementar bedroht. (…) wir werden uns unser Deutschland Stück für Stück zurückholen!»

Das ist eine unverhohlene Kampfansage, und die Herabwürdigung der Zustände in unserem Land ist bewusst gewählte Strategie. Denn indem ein völlig überzeichnetes Schreckbild der Gegenwart entworfen wird, soll die eigene Bewegung mobilisiert und an die Macht geführt werden. Glücklicherweise sieht es nicht so aus, als sei die große Mehrheit der deutschen Bevölkerung für diese Gedanken anfällig. Zudem scheinen mir die Abwehrkräfte unserer Demokratie groß genug zu sein, um sich erfolgreich dagegen zu stemmen. Dennoch ist das alles nicht ungefährlich. Denn wer davon ausgeht, dass das «Merkel-Regime» und die «Altparteien» eine Politik gegen das Volk betreiben, dass der «Volkstod» droht oder die Übernahme unseres Landes durch den Islam und dass es eine «Herrschaft des Unrechts» gibt, der mag sich ermächtigt fühlen, die Dinge in die eigene Hand zu nehmen.

Der Mord an Walter Lübcke ist in dieser Hinsicht nur die Spitze des Eisbergs. So wurde etwa der Bürgermeister von Oersdorf in Schleswig-Holstein, der sich für die Unterbringung von Flüchtlingen eingesetzt hatte, von Unbekannten mit einem

Knüppel bewusstlos geschlagen. Der Bürgermeister von Tröglitz in Sachsen-Anhalt trat zurück, weil er Drohungen von Rechten erhielt. Der Bürgermeister von Altena in Westfalen wurde von einem alkoholisierten Mann mit einem Messer attackiert, der lautstark über seine Flüchtlingspolitik schimpfte. Die Oberbürgermeisterin von Köln überlebte nur knapp ein Messerattentat mit rechtsextremem Hintergrund. Und in Berlin-Neukölln gab es eine Serie von Brandanschlägen auf Autos von Personen, die sich für Flüchtlinge oder «gegen rechts» engagieren.

Allgemein lässt sich beobachten, dass die Straftaten im Bereich «Hasskriminalität» zunehmen, der größte Teil davon kommt aus dem rechten Spektrum. Insgesamt 8585 Straftaten registrierte die offizielle Statistik des Bundeskriminalamtes 2019 in diesem Bereich, wobei der Hauptanteil auf fremdenfeindliche, antisemitische oder islamfeindliche Delikte entfiel. Das sind immerhin über 20 an jedem einzelnen Tag. Allerdings scheint mir dies für ein Volk von 83 Millionen immer noch relativ wenig zu sein, auch wenn jeder einzelne Fall einer zu viel ist. Zum Vergleich: Beim Straftatbestand der Beleidigung erfasste die Polizeiliche Kriminalstatistik für 2019 etwa 220 000 Fälle und bei Widerstand und tätlichem Angriff gegen die Staatsgewalt knapp 37 000.

Natürlich macht es besonders wütend, wenn jemand, dem in Deutschland Schutz gewährt wurde, hier zum Mörder wird. Und es wäre fatal, über solche Fälle, von denen es in den letzten Jahren einige gegeben hat, aus Angst vor Vereinnahmung von der «falschen Seite» nicht zu berichten. Die *taz* etwa kritisierte, dass über die Ermordung eines 15-jährigen Mädchens im Dezember 2017 in Kandel durch einen vermutlich selbst minderjährigen afghanischen Flüchtling, mit dem sie zuvor eine Beziehung gehabt hatte, so viel ausführlicher berichtet wurde als über andere «Beziehungstaten»: «Wenn bei einem Afghanen andere Maßstäbe angelegt werden, hat das einen Namen: Rassismus», hieß es dort wenig hilfreich in einem Kommentar vom 3. Januar 2018. Denn auf diese Weise wird völlig ausgeblendet, dass es hier nicht um Rassismus, sondern um die Legitimität der Flüchtlingspolitik geht. Und nur wenn die Bevölkerung darauf vertrauen kann, auch über deren negative Auswirkungen realitätsgetreu informiert zu werden, wird sie sie mittragen. Alles möglichst transparent offenzulegen, ist der beste Weg, um denjenigen den Wind aus den Segeln zu nehmen, die das Leid der Opfer für ihre politische Sache instrumentalisieren wollen.

Denn so wenig man Gewalttaten durch Flüchtlinge verharmlosen sollte, so wenig Anlass besteht auch, sie zu einer alles überrollenden Lawine zu erklären. So schlimm jeder einzelne Fall ist: Es handelt sich nicht um alltägliche Phänomene. Deutschland ist nach wie vor – mit und ohne Flüchtlinge – eines der sichersten Länder der Welt. Die Bundesrepublik hatte 2017 eine Mordrate von 0,5 pro 100 000 Einwohner. In den USA lag dieser Wert zehnmal so hoch.

Im September 2018 veröffentlichte die saarländische Polizei eine Statistik zur Messer-Kriminalität, aus der hervorging, dass Syrer (122 Fälle) und Afghanen (36 Fälle) zwar überrepräsentiert waren mit Blick auf ihren Anteil an der Bevölkerung in Deutschland, die Mehrheit der Tatverdächtigen aber die deutsche Staatsangehörigkeit besaß (842 Fälle). Daraufhin stellte ein Landtagsabgeordneter der AfD eine Anfrage, um die häufigsten Vornamen der deutschen Tatverdächtigen zu erfahren, wohl in der Annahme, bei diesen handele es sich mehrheitlich um eingebürgerte Migranten. Die Antwort dürfte ihn ernüchtert haben. Die zehn häufigsten Vornamen waren: Michael (24 Fälle), Daniel (22 Fälle), Andreas (20 Fälle), Sascha (15 Fälle), Thomas (14 Fälle), Christian (13 Fälle), Kevin (13 Fälle), Manuel (13 Fälle), Patrick (13 Fälle) und David (12 Fälle).

Richtig ist, dass die Statistiken aus den Bundesländern bei Messer-Delikten eine klare Überrepräsentation von nichtdeutschen Tatverdächtigen zeigen. Ihr Anteil schwankte 2019 je nach Bundesland zwischen dreißig und fünfzig Prozent. Doch ob die Zahl der Fälle wirklich zugenommen hat, ist schwer zu beurteilen, vor allem auch, da es eine bundeseinheitliche Statistik bei Erscheinen dieses Buches noch nicht gab. Sicher ist aber, dass die Gewaltkriminalität in Deutschland wie in der gesamten westlichen Welt rückläufig und der Anteil von Messerattacken insgesamt gering ist. Die «Messerepidemie» ist lediglich ein politischer Kampfbegriff der AfD, die auch schon mal von «Messermigranten» oder einer «Messereinwanderung» spricht.

Es besteht kein Grund, Flüchtlinge oder Migranten zu romantisieren. Sie sind Menschen wie du und ich, nicht schlechter, aber auch nicht besser. Unter ihnen sind auch Straftäter, und wenn man die polizeiliche Kriminalstatistik konsultiert, dann sieht man, dass sie dort klar überrepräsentiert sind. 2018 machten «Zuwanderer» (eine Kategorie des Bundeskriminalamtes, in der Asylbewerber, Flüchtlinge und Geduldete erfasst werden) etwa zwei Prozent der Bevölkerung aus, stellten aber elf Prozent der Verdächtigen bei Körperverletzungen, 15 Prozent bei Tötungsdelikten sowie zwölf Prozent bei Vergewaltigungen und schweren sexuellen Nötigungen. Diese Überrepräsentation liegt allerdings nicht daran, dass «Ausländer» per se krimineller wären als Deutsche. Sie ist vielmehr mit der Zusammensetzung dieser Gruppe, es dominieren junge Männer, und ihrer sozialen Lage weitgehend zu erklären, was es nicht besser macht. Vorstellbar wäre es, dass Menschen, die aus Bürgerkriegsgebieten kommen, ein anderes Verhältnis zur Gewalt haben. Aber interessanterweise werden Flüchtlinge aus dem Maghreb und aus Gambia, Nigeria und Somalia deutlich häufiger kriminell als die aus Syrien, dem Irak und Afghanistan. Es lohnt sich, hier ohne Scheuklappen genauer hinzuschauen, um wirksam gegensteuern zu können. Aber wer dieses Thema benutzt, um Ängste zu schüren, Vorurteile zu bestärken und die Gesellschaft zu hysterisieren, der fügt genau dem Deutschland schweren Schaden zu, das er doch angeblich beschützen und bewahren will.

«Früher war alles schlechter»

Es hat in den letzten Jahren eine ganze Reihe von Büchern gegeben, in denen sich die Autoren (es waren meines Wissens wirklich nur Männer …) mit der Frage beschäftigt haben, was in der Welt und in Deutschland alles besser geworden ist, ungeachtet aller Alarmrufe. Untermauert mit Zahlen und Grafiken erläutern sie Trends, die in der täglichen Berichterstattung zwangsläufig untergehen. Wem ist schon bewusst, dass der Anteil der Menschen, die in absoluter Armut leben (nicht mehr als 1,90 US-Dollar pro Tag), heute weltweit bei zehn Prozent liegt, obwohl dies vor gerade mal zwanzig Jahren (2000) noch dreißig Prozent der Weltbevölkerung betraf? Kein Grund, zufrieden die Hände in den Schoß zu legen, aber doch eine Bestätigung dafür, dass im Kampf gegen Armut einiges richtig gemacht wurde, und somit eine Motivation weiterzumachen. Oder die weltweiten Kriegsopfer. Ich konnte es kaum glauben, als ich gelesen habe, dass die Zahlen seit 1950 – da war der Zweite Weltkrieg schon fünf Jahre vorbei – um neunzig Prozent zurückgegangen sind. Nehmen wir die Lebenserwartung. Wie selbstverständlich gehen wir davon aus, dass sie sich um die siebzig, achtzig Jahre bewegt. Oder der Lebensstandard. Zwischen den siebziger Jahren des vorigen Jahrhunderts und der Jahrtausendwende hat sich der Lebensstandard der Deutschen in dreißig Jahren mehr als verdoppelt. Und vorher hatte das «Wirtschaftswunder» stattgefunden. Die Ausgangsbasis war also nicht gerade niedrig. Es geht seitdem nicht mehr so rasant, aber insgesamt immer noch nach oben.

Der Schweizer Journalist Guido Mingels hatte von Anfang 2016 bis Ende 2019 eine wöchentliche Kolumne im *Spiegel,* in der er unter dem Titel *Früher war alles schlechter* positive Trends dokumentierte, die er später in zwei Büchern zusammengefasst hat. Darin kann man unter anderem folgende Informationen finden: Um 1850 herum starb in Deutschland jedes zweite Kind vor dem fünften Geburtstag. 2015 «nur» jedes 250. Kind. 1960 konnten weltweit 60 Prozent aller Menschen schreiben und lesen, 2016 waren es 85 Prozent. Was die Gewässerqualität betrifft – vor 25 Jahren waren viele Flüsse in Deutschland dermaßen verdreckt, dass das Schwimmen in ihnen verboten werden musste. Mittlerweile haben nahezu 100 Prozent (genau sind es 98 Prozent) der Gewässer in unserem Land Badequalität. 1962 hielten 85 Prozent der Eltern in Deutschland Gewalt in der Erziehung für legitim, 2005 waren es noch 8 Prozent. Immer noch zu viel, aber doch eine enorme Verbesserung.

Der Soziologie-Professor Martin Schröder, der ein ähnlich gelagertes Buch geschrieben hat, sagte in einem Interview: «In der Badewanne zu ertrinken ist zweimal so wahrscheinlich wie an einem Terror-Angriff zu sterben.» Es hat nichts mit Naivität, Blauäugigkeit oder Schönfärberei zu tun, auf solche Trends hinzuweisen. Es geht denjenigen, die in ihren Büchern auf positive Entwicklungen aufmerksam machen, nicht darum, tatsächliche Gefahren und Risiken kleinzureden, sondern abseits der täglichen Nachrichten, die sich mehr oder weniger zwangsläufig mit Krisen und Katastrophen beschäftigen, ein möglichst reales Bild vom Zustand unserer Welt zu vermitteln. Und die ist nun einmal auf den unterschiedlichsten Feldern eindeutig besser geworden. Warum sehen «wir» das nicht?

Bei der Suche nach einer Antwort bin ich auf zwei Dinge gestoßen. Einmal auf den folgenden Gedanken, der mir sehr einleuchtet. Die Ansprüche an unsere Welt sind immer weiter gestiegen. Das ist im Grunde gut. Aber der Kurzschluss passiert in dem Augenblick, in dem man den Zustand der Welt an den gewachsenen Ansprüchen misst und daraus ableitet, dass die Welt schlechter geworden sei, ohne die messbaren Ergebnisse zu berücksichtigen.

Und das zweite habe ich in Hans Roslings eindrucksvollem Buch *Factfulness* gefunden. Der schwedische Arzt und Statistiker zeigt, dass die Welt von den meisten Menschen systematisch zu negativ wahrgenommen wird. Dabei spielt sowohl das medial vermittelte Bild eine Rolle als auch die Funktionsweise unseres Gehirns, in dem evolutionsbedingt eine Menge Platz für «Drama» und schnelle Entschlüsse ohne großes Nachdenken ist. Einstmals, zu Zeiten der Jäger und Sammler, die Voraussetzung fürs Überleben.

Roslings weltweite Umfragen quer durch alle Bevölkerungsschichten haben ergeben, dass die Vorstellung von den Zuständen auf unserer Erde viel schlechter ausfällt, als sie es tatsächlich sind. Ganz gleich, ob es sich um Armut oder Ausbildung, um das Aussterben von Tierarten oder die Zahl der Todesfälle durch Naturkatastrophen handelt – die große Mehrheit der Menschen liegt mit den meisten Antworten falsch, wobei eine Gruppe von Nobelpreisträgern noch schlechter abschnitt als der Durchschnitt der Befragten. Das Erstaunliche daran: Nach Roslings Untersuchungen waren die tatsächlichen Testergebnisse grundsätzlich schlechter, als sie es bei einer rein zufälligen Auswahl aus den vorgegebenen Antworten gewesen wären. Das heißt, es liegt eine systematische Verzerrung ins Negative vor. Man erzielt nach dem Zufallsprinzip bei vorgegebenen Antwortmöglichkeiten dauerhaft bessere Ergebnisse als durch die Befragung hochgebildeter, aber «fehlgeleiteter Menschen» mit «überdramatisierter Weltsicht». Würde man einer Gruppe Schimpansen die Fragen vorlegen, so Rosling, und sie mit «A», «B» oder «C» beschriftete Bananen ziehen lassen, würden sie bei dem Test besser abschneiden als viele Nobelpreisträger. Dieses Ergebnis sollte jeden zögern lassen, der beklagen will, wie schlecht es um uns steht, und klar machen, dass unsere Instinkte nur allzu schnell auf eine «überdramatisierte Weltsicht» anspringen.

Auf den sogenannten Corona-Demos im Frühjahr und Sommer 2020 fand sich eine bunte Mischung von Menschen, die aus ganz unterschiedlichen Motiven gegen die Einschränkungen protestierten, die zur Bekämpfung des Virus erlassen wurden. Da waren die Eltern, die nicht mehr wussten, wie sie Beruf und Familie bewältigen sollten, weil Kitas und Schulen geschlossen waren; Geschäftsleute, die ihren Ruin vor Augen hatten, weil sie nicht arbeiten durften; Künstler, denen zahlende Zuschauer fehlten, weil Menschenansammlungen verboten waren, und die ernsthaft Besorgten, die weder Politik noch Pharmaindustrie trauen. Doch in den Vordergrund drängten leider die Lauten, die Hysterischen, die ideologisch Motivierten, die unseren Staat auf dem Weg in die Diktatur wähnen, vom «Merkel-Regime» statt von der Regierung sprechen, und diejenigen, die diese Demonstrationen für ihre politischen Zwecke instrumentalisierten. Glaubt wirklich jemand ernsthaft, die Regierung hätte die Maßnahmen in der Absicht verhängt, sie niemals wieder zurückzunehmen?

Im Mai 2020 besuchte auch der 84-jährige Alfred Blum eine Demonstration im thüringischen Gera, weil die Corona-Auflagen es ihm seit Wochen verboten, seine schwer demente Frau im Pflegeheim zu besuchen, wo sie erst seit einem knappen halben Jahr lebte. Ein Reporter fragte ihn, warum er mitdemonstriere, und er erzählte in bewegenden Worten, dass er Angst um das Leben seiner Frau habe, der man ja in ihrem Zustand nicht erklären könne, warum ihr Mann seit Wochen nicht mehr zu ihr kommt. Das sei seelische Folter, sagte er mit tränenerstickter Stimme. Anfang Juni hätten sie ihren 63. Hochzeitstag. Und dann löste sich jemand aus der Menge, kam auf den Rentner zu, baute sich vor ihm auf und mischte sich lautstark ein. Daran sei das «Merkel-Regime» schuld. Er solle sich doch nicht «veralbern» lassen. «Wenn Du ARD und ZDF zuhörst, dann hast Du praktisch die Kontrolle über Dein Leben verloren», schrie er und bekam dafür aus dem Umfeld Applaus. Aber der eben noch weinende alte Mann entgegnete mit fester Stimme: «Nein, absolut nicht. Man muss auch vernünftig bleiben.» Mehr gibt es dazu nicht zu sagen.

Gut und Böse

Gut und Böse sind moralische Kategorien. Sie gehören gewissermaßen zur Grundausstattung menschlicher Gesellschaften. Wer nicht weiß, was gut und was böse ist, landet gegebenenfalls im Gefängnis oder beim Psychiater. Friedliches Zusammenleben innerhalb einer Gesellschaft kann nur funktionieren, wenn es unter den Menschen einen gewissen moralischen Grundkonsens gibt. Wie das im Einzelnen aussieht – das kann je nach Weltregion unterschiedlich sein und hängt mit der Geschichte und den Traditionen der jeweiligen Gemeinschaft zusammen.

Grundsätzlich rangiert es weltweit unter «böse», einen Menschen zu töten. Bei Mord aus Habgier, Heimtücke oder Lust scheint sich die Welt weitgehend einig zu sein, dass es böse ist und bestraft gehört. Doch wie? Was ist mit der Todesstrafe? Ist sie gut, weil ein Mörder es nicht besser verdient hat? Ist sie gerecht oder doch ungerecht? Warum hält ein durch und durch christlich geprägtes Land wie die USA in 29 ihrer Bundesstaaten immer noch an der Todesstrafe fest? Weil es als gerecht empfunden wird, Gleiches mit Gleichem zu vergelten? Was ist mit der gezielten Tötung von Einzelpersonen im Kampf gegen den internationalen Terrorismus? Ist es gut, weil dadurch eventuell neue Anschläge verhindert werden? Oder ist es böse, weil es außerhalb der Regeln stattfindet, die sich Rechtsstaaten selbst verordnet haben? Was kann als Notwehr gelten, und wann ist Notwehr nur vorgeschoben?

Auch bei der Moral steckt der Teufel häufig im Detail. Sollte man deshalb in politischen Fragen die Moral lieber ganz außen vor lassen? Politik ohne moralischen Kompass wird zur reinen Machtpolitik. Doch ein moralischer Kompass ist das Eine. Ein Denken in den Kategorien von «Gut» und «Böse» das Andere. In der chinesischen Philosophie werden gegensätzliche Prinzipien als ineinander verschlungen und einander ergänzend begriffen, was sich in der Konzeption von Yin und Yang zeigt. In der westlichen Tradition dominiert dagegen ein Denken in klaren, binären Alternativen. Im Christentum gibt es entweder den Himmel oder die Hölle. Die Weltgeschichte wird als ewiger Kampf zwischen den Kräften des Guten und den Kräften des Bösen gesehen. Mir scheint, dass manche «moralische» Haltung in unseren aktuellen politischen Debatten tief in diesen christlichen Traditionen verwurzelt ist. Doch was passiert, wenn man das politische Geschehen in einen Kampf zwischen «Gut» und «Böse» umdeutet und sich selbst dabei als das «Gute» definiert?

Wenn politische Konflikte in dieser Weise moralisch aufgeladen werden, dann wirkt das polarisierend, vermindert die Kompromissbereitschaft, führt oftmals zu einer falschen Wahrnehmung der eigentlichen Probleme und kann sogar die Geltung von Rechtssystemen untergraben. Denn muss sich das Gute im Kampf gegen das Böse an Gesetze oder internationale Regeln halten? Oder müssen diese für das höhere Ziel zurückstehen?

Tatsächlich gibt es weder «das» Gute noch «das» Böse. Wer sich selbst als «gut» definiert und den anderen als «böse», der verwischt alle Zweideutigkeiten und verbaut es sich, nach den Beweggründen des Gegenübers zu fragen und diese als berechtigt zu verstehen. Nur wer davon ausgeht, dass auch der politische Gegner ein Körnchen Wahrheit besitzt, ist fähig zu Kompromissen. Wer ihn dagegen als «böse» betrachtet, der konstruiert Feindbilder, die mit der Realität meist wenig zu tun haben.

Gute und böse Staaten

Zu Zeiten der Ost-West-Konfrontation war es alles andere als friedlich. Beide Seiten belauerten sich misstrauisch. US-Präsident Ronald Reagan bezeichnete die Sowjetunion als «Reich des Bösen». Es hat mehr als einmal Situationen gegeben, in denen die Welt nur haarscharf an einem Atomkrieg vorbeigeschrammt ist. Diese Zeiten kann man sich nicht ernsthaft zurückwünschen, auch wenn es wegen des Gleichgewichts der Kräfte – oder wie es damals hieß: Gleichgewichts des Schreckens – eine gewisse Stabilität gab und eine gewisse Form von gegenseitigem Respekt. Ab 1989/90 brach der Ostblock Stück für Stück zusammen, die Sowjetunion löste sich auf. Es schienen – abgesehen von persönlichen Schicksalen und gesellschaftlichen Verwerfungen, die ich nicht geringachten möchte – paradiesische Zeiten mit Blick auf Völkerverständigung anzubrechen, geprägt von Vertrauen und Zusammenarbeit zum Wohle aller Menschen.

Es wäre eine Jahrhundertchance gewesen, aber so kam es leider nicht. Stattdessen begann eine Entwicklung, deren Folgen wir heute schmerzlich spüren. «Nach 1990 haben wir aus Sieger-Triumphalismus verlernt, Würde und Wahrheitsanspruch zu berücksichtigen.» Die ehemalige Bundestagsvizepräsidentin Antje Vollmer von den Grünen hat das so in einem Gespräch auf den Punkt gebracht. Das Gleichgewicht ist weg. Der Westen hatte den Kalten Krieg gewonnen, wie es immer wieder hieß, und besaß nun die Möglichkeit, der Welt eine neue Ordnung zu geben. Beileibe nicht alles, was in der Folge entstand, war schlecht. Immerhin haben die Jahrzehnte seit 1990 einen zuvor ungekannten Anstieg des globalen Wohlstands gebracht und etwa in Asien vielen Menschen Chancen eröffnet, von denen ihre Eltern nicht zu träumen wagten. So stieg die globale Wirtschaftsleistung seit 1990 um mehr als das Dreifache, und gruppiert man die Länder nach der Höhe des Wirtschaftswachstums, so muss man lange suchen, bis das erste westliche Land auftaucht.

Doch ich fürchte, Antje Vollmer hat Recht: Im Bewusstsein, als Sieger hervorgegangen zu sein, glaubte man im Westen, dass die eigenen Vorstellungen von der Geschichte bestätigt worden seien und es keine legitimen Alternativen mehr geben könne, wie es Francis Fukuyama damals in seinem Buch *Das Ende der Geschichte* darlegte. Und was im Westen als neue liberale Weltordnung galt, die auf alternativlosen, universalen Prinzipien beruhte, wurde andernorts als eine liberale Variante des westlichen Imperialismus wahrgenommen. Im Ergebnis vernachlässigten der Westen und die USA als seine Führungsmacht die Interessen anderer Mächte, insbesondere die Russlands, und überdehnten ihre Kräfte in dem Versuch, die neue Weltordnung unilateral durchzusetzen.

Als besonderes Problem erwies sich dabei, dass der Westen unter Verweis auf das Gute, also auf moralisch hochstehende Ziele, internationale Regeln brach. Dies geschah im Zusammenhang mit sogenannten humanitären Interventionen bzw. der neu eingeführten «responsibility to protect», also der Verpflichtung, gravierende Menschrechtsverstöße im Inneren souveräner Staaten mit Interventionen von außen zu verhindern. Die Bombardierung Serbiens durch die NATO im Rahmen des Kosovokrieges 1999 etwa war ein Bruch des Völkerrechts. Es entstand der Verdacht, dass humanitäre Interventionen vor allem dann diskutiert wurden, wenn die Führung des jeweiligen Landes dem Westen bzw. den USA missliebig war und wirtschaftlichen oder geostrategischen Interessen im Wege stand. Und es zeigte sich, dass auch Interventionen für moralisch hochstehende Ziele schlimme Folgen haben können, die dann wiederum die moralische Rechtfertigung des gesamten Unterfangens infrage stellen.

Jedenfalls bekam die Idee Schwung, bei Regimen, die sich

noch nicht «zum Guten» geändert hatten, nachzuhelfen. Dabei ist Regimechange keine neue Erfindung in der westlichen Politik. Schon 1953 haben die Auslandsgeheimdienste der USA und Großbritanniens, CIA und MI6, den demokratisch gewählten Premier im Iran, Mohammed Mossadegh, gestürzt. Ein Jahr später traf es den Präsidenten von Guatemala, Jacobo Árbenz Guzmán. Der ehemalige Offizier hatte die Plantagen der US-amerikanischen United Fruit Company im Land verstaatlicht. 1960 arbeitete die CIA mit Belgien, der früheren Kolonialmacht, zusammen, als Patrice Lumumba im Kongo gestürzt wurde. 1963 ging es weiter mit einem Putsch gegen Ngô Dình Diêm in Südvietnam. 1964 wurde João Goulart, der brasilianische Präsident, der eine weitreichende Bodenreform plante, weggeputscht. Auch hier spielte die CIA eine Rolle und half dem brasilianischen Militär. Als Salvador Allende 1970 zum Präsidenten Chiles gewählt wurde und versuchte, auf demokratischem Wege eine sozialistische Gesellschaft zu etablieren, unterstützte die CIA seine Gegner und arbeitete gezielt auf seinen Sturz hin. 1973 putschten die von der CIA geförderten Kräfte und trieben Allende in den Selbstmord. Die Aufzählung ließe sich noch verlängern.

Meist fand diese «Hilfestellung», so gut es ging, im Verborgenen statt und war das Werk verdeckt agierender Geheimdienste. Die kommen zwar heute auch zum Einsatz, aber Regimechange ist zu einem offen benannten politischen Instrument geworden, mit dem angeblich die Lage der betroffenen Bevölkerungen verbessert werden soll. Um die Militäreinsätze moralisch zu legitimieren, wurde der jeweilige Gegner meist als «das Böse» schlechthin dargestellt, als irrational, von Grund auf schlecht, ein Schlächter und Massenmörder. Saddam Hussein etwa wurde als «neuer Hitler» bezeichnet, der mit seinen Massenvernichtungswaffen Europa bedrohe und vor nichts zurückschrecke. Nach seinem Sturz werde der Irak ein demokratisches

Land, und die ganze Region könne stabilisiert werden, hieß es
vor dem Irakkrieg von 2003. Doch stattdessen suchte man nach
der Invasion nicht nur vergeblich nach seinen Massenvernichtungswaffen, sondern der Irak wurde von ethnischen und kon-
fessionellen Konflikten zwischen Sunniten, Schiiten und Kurden zerrissen, aus denen nicht zuletzt der «Islamische Staat»
(IS) hervorging, und die Region versank im Chaos, statt sich
zu stabilisieren. Die Ergebnisse von Regimechange-Politik sind
desaströs, nicht nur im Irak.

Im Zuge des Arabischen Frühlings von 2011 schwappten die
Demonstrationswellen auch nach Libyen und lösten einen Bürgerkrieg aus. Die westliche Staatengemeinschaft war sich schnell
einig, den amtierenden Machthaber Muammar al-Gaddafi fallen zu lassen, und unterstützte seine Widersacher. Gaddafi, der
noch kurz zuvor von europäischen Staatschefs hofiert worden
war, galt nun als brutaler Diktator, dessen Sturz in Libyen alles
zum Besseren wenden würde. Als seine Truppen die Rebellen in
Benghazi bedrohten, verabschiedete der UN-Sicherheitsrat im
Rahmen der «responsibility to protect» eine Resolution, die
zum Schutz der Zivilbevölkerung eine Flugverbotszone über
Libyen verhängte. Wobei man nicht unterschlagen sollte, dass
sich Deutschland, damals unter dem mittlerweile verstorbenen
FDP-Außenminister Guido Westerwelle, der Stimme enthalten
hat, wofür er persönlich und Deutschland insgesamt damals
scharf kritisiert wurden. Doch bei der vor allem von französi-
schen, britischen und US-amerikanischen Streitkräften durch-
geführten Intervention wurde das Mandat überschritten, und
die westlichen Kampfflugzeuge agierten wie eine Luftwaffe der
Rebellen, die daraufhin die Oberhand gewannen. Im Oktober
2011 wurde Gaddafi bestialisch ermordet, Libyen verlor seine
Staatlichkeit. Verschiedene Clans kämpften anschließend um
die Macht, bis 2016 Fayiz as-Sarradsch zum international aner-
kannten Übergangspräsidenten ernannt wurde, ohne allerdings

libyenweit die Macht zu besitzen. General Chalifa Haftar trat auf den Plan und bekam innerhalb kürzester Zeit den größten Teil des Landes unter seine Kontrolle. Ohne bestreiten zu wollen, dass Gaddafi ein brutaler Machthaber war, dem Menschenrechte nichts bedeuteten – ist die Situation heute wirklich besser? Haben die «Guten» gesiegt? Wer soll das sein? Ist es nicht vielmehr so, dass sowohl Präsident Sarradsch und seine Anhänger als auch General Haftar und dessen Anhänger sich wenig um Menschenrechte scheren in ihrem Bestreben, die Macht zu erobern oder zu halten?

Im April 2019 hat sich der US-amerikanische Außenminister Pompeo zu den Vorgängen in Libyen geäußert und an die Adresse von General Haftar gerichtet gesagt, es könne nur eine politische, keine militärische Lösung für Libyen geben. Eine bemerkenswerte Erkenntnis vom Vertreter eines Staates, der mit seinen militärischen Operationen erst dafür gesorgt hat, dass Libyens Staatlichkeit in Clanherrschaften zerfiel.

In Syrien gab es keine direkte westliche Intervention wie in Libyen, auch wenn das viele immer wieder gefordert haben. Doch viel zu früh legte sich der Westen auf die Position fest: Assad muss weg, und geredet wird nur mit «der» Opposition, die es so nie gab. Dieser hochkomplizierte Konflikt in dieser hochkomplizierten Gegend wurde auf eine einfache moralische Aussage reduziert: der syrische Präsident Assad ist ein Verbrecher, und «das» syrische Volk kämpft um seine Freiheit. In diesem Kampf kann sich der Westen nur auf die Seite «des» syrischen Volkes stellen, wenn er seine Werte nicht verraten will. Doch wer ist «das» syrische Volk? Zählen auch diejenigen Syrer dazu, die das Assad-Regime unterstützen? Die Alawiten etwa und viele Angehörige der Minderheiten im Land, auch unter den Christen? Was ist mit den Kurden? Und wer spricht für «das» syrische Volk? Da es eine demokratisch legitimierte Vertretung der Widerstandsgruppen nicht gab, angesichts von deren Heterogenität wohl auch nicht geben konnte, wurde vielfach auf Exil-Gruppen zurückgegriffen, deren Rückhalt im Land selbst mehr als fraglich war.

Es gibt beim Kampf um und in Syrien viel zu viele Akteure mit eigenen Interessen, als dass sich der Konflikt in ein einfaches Gut-Böse-Schema pressen ließe. Die USA und Russland, der Iran und Saudi-Arabien, Katar, die Türkei und Israel, der IS und andere Terrorgruppen – in Syrien überkreuzen sich so viele geopolitische Konfliktlinien, dass ein innersyrischer Konflikt zwangsläufig diverse Staaten auf den Plan ruft. War es klug, sich in dieser Situation frühzeitig auf den Sturz Assads festzulegen? War es moralisch richtig? Ich denke, dass Syrien viel Leid hätte erspart werden können, wenn diese Forderung vonseiten des Westens nicht erhoben worden wäre, sondern man stattdessen versucht hätte, Russland ins Boot zu holen und gemeinsam Druck auf Assad auszuüben, sich im Inneren zu mäßigen.

Ich verstehe alle, die das unermessliche Leid in Syrien sehen und sich nach einfachen Lösungen und klaren Schuldigen sehnen. Und es liegt mir fern, die Politik Russlands oder anderer Staaten in Syrien beschönigen oder als alternativlos hinstellen zu wollen. Mir geht es hier um die westliche Außenpolitik und ihren Anspruch, sich an moralischen Kategorien zu orientieren. Und da halte ich es mit Willy Brandt und Egon Bahr. Während Richard Nixon und Henry Kissinger Ende der sechziger, Anfang der siebziger Jahre im Weißen Haus das «great game» der Weltpolitik spielten und überall den Sieg des Guten (der USA) gegen das Böse (die Sowjetunion) sicherstellen wollten, ging es Brandt und Bahr darum, den Menschen ganz konkret ihr Leben zu erleichtern, etwa durch ein Passierscheinabkommen für Berlin. Moralische Außenpolitik, das heißt für mich, immer zu fragen, was eine Maßnahme ganz konkret für das Leben der betroffenen Menschen bedeutet. Moral ist in diesem Sinne keine Frage von abstrakten Prinzipien, sondern eine ganz praktische und pragmatische Abwägung. Wer tot ist, kann nicht wählen, und wer hungert, muss das Überleben seiner Familie sichern und kann sich nicht politisch engagieren. Ein Bürgerkrieg ist das Ende aller Freiheit. Muss Assad weg? Ich würde mir auch ein Syrien wünschen, das ohne diesen brutalen Herrscher auskäme. Aber zu welchem Preis? Wie viele Syrer würden wohl gerne die Zeit zurückdrehen und wieder in dem Land von 2010 leben?

Eine moralische Außenpolitik, die sich an den konkreten Lebensbedingungen der Menschen orientiert und nicht an abstrakten Prinzipien oder einfachen Gut-Böse-Schemata, zwingt immer wieder zu schwierigen Abwägungen. Aber das ist nötig, um den Frieden zu bewahren und den Menschen in den Mittelpunkt zu stellen. Das zeigt sich auch im Umgang mit Staaten, die sich nach völlig anderen Regeln organisiert haben als unser Land und die Menschenwürde und Menschenrechte mehr oder weniger ignorieren. Ich werde jetzt aber weder über China noch über Russland sprechen, sondern Ihnen eine Geschichte erzählen, die mit Weißrussland zusammenhängt. Im Jahr 2000 hatte ich die Ehre, in Esslingen am Neckar die Laudatio bei einer Preisverleihung zu halten. Es handelte sich um den Theodor-Haecker-Preis für politischen Mut und Aufrichtigkeit, der in jenem Jahr an den weißrussischen Politiker Dr. Viktor Gontschar ging, der zu diesem Zeitpunkt bereits einige Monate spurlos verschwunden war. Zur Preisverleihung war seine Frau erschienen. Also eine menschlich sehr schwierige Situation, weil niemand wusste, ob Viktor Gontschar überhaupt noch lebte oder was mit ihm gerade geschah. Die Umstände sind bis heute nicht ganz geklärt, aber es ist sehr wahrscheinlich, dass er zusammen mit zwei anderen Oppositionspolitikern im September 1999 entführt und ermordet wurde. Der weißrussische Präsident Lukaschenko hatte das Ende seiner legalen Amtszeit ignoriert, war illegal weiter im Amt geblieben und sorgte dafür, dass Oppositionelle verfolgt wurden. Menschen verschwanden, flohen oder kamen unter ungeklärten Umständen ums Leben. Viktor Gontschar war der erste frei gewählte Bürgermeister in der weißrussischen Stadt Molodetschno, mit der die Stadt Esslingen seit 1987 eine Städtepartnerschaft unterhält, deren offizielle Kontakte mit Blick auf das Verschwinden von Viktor Gontschar eingefroren worden waren. Das war die Situation zum Zeitpunkt der Preisverleihung im April 2000.

In meiner Festrede habe ich unter anderem die Frage gestellt: Was kann *man*, was können *wir* tun? Und folgende Antwort gegeben: «Entweder: sofort alle offiziellen Kontakte zu diesem verbrecherischen Regime einfrieren. Dahinter steht zunächst einmal die Hoffnung, Druck machen und etwas bewirken zu können. Oder: so weitermachen wie bisher. Dahinter steht in erster Linie Resignation, nach dem Motto: Es nützt ja doch nichts. Oder: Alle offiziellen Kontakte nutzen, um der anderen Seite so lange auf die Nerven zu gehen, bis sie einlenkt. Ich gebe zu, ich tendiere in vielen Fällen – nicht in allen – aber in vielen Fällen zur dritten Möglichkeit, und ich möchte gerne erklären warum. (…) Es ist ein Unterschied, ob ich aus Staatsräson Menschenrechtsverletzungen in China nicht thematisiere und diese Angelegenheit so gut es geht zu ignorieren versuche, oder ob ich mich nach außen mit eindeutigen Kommentaren zurückhalte, aber hinter verschlossenen Türen, ohne Medien und entsprechende Aufmerksamkeit, mich darum kümmere, dass Inhaftierte freigelassen werden und Verschleppte wieder auftauchen. (…) Nicht jeder, der weiterhin mit offiziellen Stellen redet, ist ein Verräter an der Sache, es ist natürlich viel edler, offizielle Kontakte abzubrechen, und lässt sich leichter darstellen. Wer sich auf offiziellen Kanälen weiterbemüht, ohne damit an die Öffentlichkeit zu gehen, ist zumindest suspekt. Das aber ist eine sehr gefährliche Denk- und Verhaltensweise, die weiß Gott nicht immer den Menschen, für die man sich doch angeblich so einsetzt, zum Vorteil gereicht.

Man muss auseinanderhalten: außenpolitische Rücksichtnahmen, die aufgrund einer allgemein ausgegebenen politischen Linie eine Rolle spielen – das hat auch mit Weisungs-
gebundenheit zu tun. Und selbstbestimmtes Handeln, das sich
durch unterschiedlichste Rücksichtnahmen auszeichnen kann,
wenn man sich im Sinne der Sache bzw. der Menschen etwas
davon verspricht. Ich würde mir manchmal etwas mehr Realis-
mus wünschen und etwas weniger Pathos. Und es kommt noch
eins hinzu. Was halten Sie von folgender Überlegung? Ist es
nicht eigentlich ein bisschen feige, sich der offiziellen Kontakte
zu verweigern – da kann man nicht viel falsch machen, denn
moralisch und theoretisch steht man damit immer auf der richtigen Seite. Und seien wir mal ehrlich: Man trifft eben nicht das
politische System.

Der Hinweis: Die privaten Kontakte sollen und müssen ja
weiterlaufen, hilft auch nicht. Denn erstens werden private Kontakte immer erschwert, wenn die offiziellen Kontakte gekappt
sind, und zweitens bringt man diejenigen, die den Kontakt auf-
rechterhalten sollen – weil es ja um die Menschen geht –, un-
nötig in unmögliche Situationen, weil sie sich pausenlos entscheiden müssen, was richtig und was falsch ist, wo der Verrat
beginnt und die Diplomatie aufhört.

Auch das ist eine Gratwanderung, und der Weg, auf dem
man nicht abstürzt, sondern heil ankommt, muss immer wieder
neu gefunden werden. Wir müssen unbequeme Fragen zulassen
und sie immer wieder neu beantworten. Also zum Beispiel die
Frage: Wie viel sind mir symbolische Handlungen wert? Welche
Risiken bin ich bereit einzugehen, nur um sagen zu können:
Meine offiziellen Kontakte mit diesem verabscheuungswürdi-
gen System habe ich aber abgebrochen? Seht her, das hat alles
seine Ordnung. Verbirgt sich hinter dieser Haltung vielleicht
mehr Selbstschutz als vorgeblicher Schutz anderer? Man kann
das Beste wollen und dennoch scheitern. Das Vertrackte ist, es

gibt kein Patentrezept, das die Wahrheit auf seiner Seite hat. (…) Ich möchte Ihre Aufmerksamkeit nutzen, um zum Schluss einen eindringlichen Appell loszuwerden. Pflegen Sie Ihre Städtepartnerschaft, tun Sie alles, um die Kontakte zwischen Menschen aufrechtzuerhalten. Und geben Sie dem Jugendaustausch oberste Priorität.»

Sinaida Gontschar, die Frau des Geehrten, hat meine Gedanken verstanden und sich für meine Worte bedankt. Bei den offiziellen Vertretern der Stadt habe ich mir damit keine Freunde gemacht.

Klimaengel und Klimateufel

Die moralische Aufladung durch das Zuweisen von klaren Rollen: hier die Guten, dort die Bösen, schadet jeder Diskussion, auch der ums Klima. Junge Menschen gehen weltweit auf die Straße, um auf den Klimawandel aufmerksam zu machen und Gegenmaßnahmen anzumahnen. Gut so. Ich glaube den meisten ihr aufrichtiges Engagement und ihre große Sorge um die eigenen Zukunftschancen, und es ist eine Qualität für sich, dass sich junge Menschen für Politik interessieren und sich einmischen. Viel zu lange war der Klimawandel im Zeichen anderer Krisen und Katastrophen auf der politischen Agenda in den Hintergrund gerückt. Dabei ist das Problem schon lange bekannt. Bereits in den sechziger und siebziger Jahren wurden entsprechende wissenschaftliche Modelle entwickelt. 1992 beschloss die Rio-Konferenz die Klimarahmenkonvention, und im selben Jahr veröffentlichte Al Gore sein viel beachtetes Buch *Wege zum Gleichgewicht*. Wenig später wurde er Vizepräsident der USA, unterlag dann aber bei der Präsidentschaftswahl 2000 äußerst knapp gegen George W. Bush, aufgrund des umstrittenen Ergebnisses im Bundesstaat Florida. Letztlich befand der mehrheitlich konservativ besetzte Oberste Gerichtshof über die US-Präsidentschaft. Manchmal sind es Kleinigkeiten, die über den weiteren Verlauf der Geschichte entscheiden.

Doch so sehr ich das Engagement gerade junger Menschen begrüße, so sehr misstraue ich denjenigen, die es instrumentalisieren, es vermarkten und mitlaufen, weil «man» das nun gerade so macht. Das Thema Klimawandel ist ein Zug, auf den jeder gerne aufspringt, der «dazugehören» möchte, denn allein wer in den Verdacht gerät, nichts oder nicht genug gegen den Klimawandel zu unternehmen, manövriert sich ins Abseits. Da wird auch schnell mal bei der «Goldenen Kamera» ein Sonderpreis für Greta Thunberg erfunden, um auf der Welle mitzuschwimmen und Pluspunkte zu sammeln. Und als nächste Ehrung erhält eine Nachwuchsschauspielerin einen SUV …

Es ist bemerkenswert, wie diese Autoklasse in kürzester Zeit zum Inbegriff des Bösen wurde. Auslöser war ein Unfall in Berlin-Mitte im September 2019, bei dem ein SUV-Fahrer eine Mutter und ihren kleinen Sohn sowie zwei junge Männer tötete. Demonstranten hielten Schilder hoch, auf denen stand: «SUVs töten», und Politiker forderten ein Verbot dieser Fahrzeuge. Später stellte sich heraus, dass der Fahrer einen epileptischen Anfall erlitt und auch einen VW Polo hätte fahren können, ohne dass das etwas am Ergebnis geändert hätte.

Als SUVs im ersten Jahrzehnt nach der Jahrtausendwende unsere Straßen eroberten, habe ich mich auch gefragt, wozu man in unserem Land im normalen Straßenverkehr Geländefahrzeuge braucht, aber offenbar war es gesamtgesellschaftlich kein großes Thema, und es gibt ja vieles, was man nicht unbedingt braucht, aber trotzdem nutzt, weil's bequem ist oder Spaß macht und man nicht groß darüber nachdenkt. Es ist aus meiner Sicht überhaupt nichts dagegen einzuwenden, Dinge infrage zu stellen, weil es neue Erkenntnisse gibt oder sich Prioritäten verändert haben. Denn tatsächlich ist es klimatechnisch ein Problem, wenn Effizienzgewinne durch bessere Motoren dadurch aufgefressen werden, dass die Autos immer größer, schwerer und PS-stärker werden. Doch ich finde es erschreckend, wie schnell sich Feindbilder entwickeln und sich manche ermutigt fühlen, Sachbeschädigung und Pöbeleien für ihr gutes Recht zu halten. Der Autofahrer an sich steht schon auf der bösen Seite, aber der Fahrer eines SUV ist nochmal eine Steigerung.

Wenn es nach den Gut-Böse-Denkern geht, dann soll das Autofahren komplett aus den Städten verbannt werden. Freie Bahn für Fußgänger, Radfahrer und E-Scooter. Ich vermisse das Umsiedlungsprogramm für Senioren, die weder fürs Fahrrad noch für den E-Scooter fit genug sind und ihren Einkauf mit dem Lastenfahrrad nicht mehr schaffen. Seit mein Mann hin und wieder auf einen Rollator bzw. einen Rollstuhl angewiesen ist, haben wir ein Fahrzeug, mit dem wir diese Hilfsmittel transportieren können. Ist das gut oder böse oder schlicht eine praktische Notwendigkeit?

Lange Zeit war die Dieseltechnologie der Stolz der deutschen Autoindustrie und der deutschen Autojournalisten. Immer wieder wurde darauf hingewiesen, wie klimafreundlich sie doch sei, weil sich durch die größere Effizienz des Diesels gegenüber dem Benziner Kraftstoff und damit CO_2 einsparen lässt. Doch dann flog die Schummel-Software auf, die der VW-Konzern in seinen Autos eingebaut hatte, damit diese bei Abgasprüfungen geringere Schadstoffmengen ausstießen als im Normalbetrieb. Dies betraf insbesondere den Ausstoß von Stickoxiden. Zwar wurde auch ein niedrigerer CO_2-Ausstoß vorgetäuscht, aber Dieselfahrzeuge sind unabhängig davon immer noch deutlich effizienter als Benziner. Die Installierung von Schummel-Software ist ein Skandal und offenbart eine schon kriminelle Missachtung von Umweltauflagen zugunsten eines maximalen Unternehmensgewinns. Am Ende hat diese kurzfristig orientierte zynische Strategie, die neben Volkswagen auch andere Hersteller verfolgten, einen um ein Vielfaches höheren Schaden verursacht. Nach der Hybris kam der verdiente Fall.

So weit so gut. Doch nun ließen dieselben Journalisten, die sich noch vor Kurzem allzu gerne von den Autofirmen hatten hofieren lassen, kein gutes Haar mehr an den deutschen Konzernen und ihren Produkten. Hinzu kamen die Klagen der Deutschen Umwelthilfe, die zu hohe Stickoxid-Werte in deutschen Städten zum Anlass nahm, Fahrverbote für Diesel zu fordern und gerichtlich durchzusetzen. Der Diesel war in den öffentlichen Debatten plötzlich vom Klimaengel zum Schadstoffteufel mutiert. Man war sich einig: Die Zukunft gehört dem Elektroauto. Der Dieselfahrer ist böse und rückwärtsgewandt, der Besitzer eines Elektroautos ist gut und rettet das Klima.

Grundsätzlich ist es ja richtig, immer wieder neu darüber nachzudenken, wie Schadstoff- und CO_2-Ausstoß reduziert und der Übergang zu einer nachhaltigen Energiewirtschaft bewerkstelligt werden können. Eine zu schlichte Einteilung in Gut und Böse ist dabei aber eher schädlich. Es hat etwas Absurdes, wenn ein dieselbetriebener VW Tiguan, der mit großem Abstand beliebteste SUV der Deutschen, mit einem Gewicht von 1,5 bis 1,8 Tonnen als böses Monstrum gilt, während der trendbewusste Gutverdiener mit bestem ökologischen Gewissen in seinen 2,1 Tonnen schweren Tesla Model S steigen kann. Auch Elektroautos unterliegen den Gesetzen der Physik, und da ist Energie gleich Masse mal Geschwindigkeit.

Zentraler Punkt sowohl mit Blick auf den Klimawandel als auch auf die Schädigung der Gesundheit ist die Luftverschmutzung. Wobei man darauf hinweisen muss, dass die Luftverschmutzung in Deutschland in den vergangenen Jahrzehnten deutlich zurückgegangen ist, obwohl all das, was zur Luftverschmutzung beiträgt – u. a. Verkehr und Industrieproduktion –, mindestens ebenso deutlich zugenommen hat. Das bedeutet nichts anderes, als dass technische Innovationen offenbar Extremes leisten können, denn heute spielen Schadstoffe wie Schwefeldioxid, Kohlenstoffmonoxid oder Blei, wenn überhaupt, nur noch eine sehr geringe Rolle. Das war mal anders. Man vergisst diese Dinge so schnell.

Die Diskussion um die Dieselfahrverbote dreht sich im Wesentlichen um Stickstoffoxide und Feinstaub. Da wiederum muss man zwischen akuten Belastungen – also, wenn man kurzzeitig hohen Konzentrationen ausgesetzt ist – und Langzeitwirkungen unterscheiden, die sich auf Dauer eben auch bei geringerer Konzentration einstellen. Das lässt sich alles mehr oder weniger gut untersuchen und belegen. Fest steht jedenfalls, dass in Deutschland Luftverschmutzung unter den Umweltfaktoren der wichtigste Grund für Krankheiten und vorzeitigen Tod ist.

Wenn von Stickstoffoxiden gesprochen wird, dann ist insbesondere Stickstoffdioxid gemeint, das im Straßenverkehr vor allem von «alten» Dieselfahrzeugen (oder neuen mit Schummel-Software …) produziert wird, denen heutige technische Möglichkeiten fehlen. Von Stickstoffdioxid ist bekannt, dass es bei Asthmatikern schon nach kurzer Zeit einen Anfall auslösen und bei gesunden Menschen auf Dauer zu Asthma führen kann.

Um ein Vielfaches gefährlicher für die Gesundheit ist Feinstaub. Umso wichtiger herauszufinden, wo der genau herkommt. Hauptsächliche Quellen sind nach Untersuchungen der Leopoldina – das ist sowohl die älteste naturwissenschaftlich-medizinische Gelehrtengesellschaft im deutschsprachigen Raum als auch die älteste dauerhaft existierende naturforschende Akademie der Welt – Kraftwerke, Industrie, Landwirtschaft, Öfen und Heizungen und auch der Straßenverkehr, wobei moderne Verbrennungsmotoren, und zwar völlig egal ob Benzin oder Diesel, relativ wenig zur Feinstaubbelastung beitragen. Und dann ist da auch noch der Abrieb von Reifen und

Bremsen, der erheblich ins Gewicht fällt. Davon sind Elektro-autos natürlich gleichermaßen betroffen.

Wenn man weiß, *was* die Gesundheit *wie* schädigt, dann ist der nächste Schritt, zu überlegen, wie man dem entgegenwirken kann. Nachdem sich die Erkenntnis durchgesetzt hatte, dass Rauchen sowohl die Gesundheit des Rauchers als auch die des Passivrauchers schädigt, wurden Gesetze zum Schutz derjenigen eingeführt, die dieser Belastung in öffentlichen Räumen ausge-setzt waren. Wenn jemand raucht, das sieht man, das riecht man, da braucht man keine Grenzwerte. Stickoxide und Fein-staub sieht und riecht man nicht so ohne weiteres, also muss man mit Hilfe von Technik messen und sich auf Werte einigen, die nicht überschritten werden sollten oder dürfen. Und schon geht der Streit los.

Im bereits zitierten Bericht der Leopoldina ist zum Thema Grenzwerte Folgendes zu lesen: «Zum vorsorglichen Gesund-heitsschutz der Bevölkerung legt die Politik Grenzwerte für die Schadstoffbelastung der Luft fest, die sich auf wissenschaftliche Erkenntnisse beziehen. Weder für Stickstoffdioxid noch für Fein-staub ist eine exakte Grenzziehung zwischen gefährlich und un-gefährlich im Sinne eines Schwellenwerts möglich, unterhalb dessen keine Gesundheitseffekte zu erwarten sind. Das erschwert die Abwägung zwischen vorsorgendem Gesundheitsschutz und gesellschaftlichen Kosten und Belastungen.» Vor diesem Hin-tergrund kann es nicht verwundern, dass in den G20-Ländern für Stickstoffdioxid und Feinstaub unterschiedliche Grenzwerte gelten. Da verwundert es schon eher, dass die EU für Stickstoff-oxide relativ strenge, für den weitaus gefährlicheren Feinstaub weniger strenge Grenzwerte festgesetzt hat. Da kann man sich natürlich fragen, warum? Weil die Emission von Feinstaub noch schwieriger einzudämmen ist als die von Stickoxiden und demzufolge die damit verbundenen Kosten in eine Höhe schnel-len, die nicht mehr im Verhältnis zu den positiven Auswirkun-

gen steht? Oder geht es bei Stickstoffdioxid weniger um Luftverschmutzung als um den Glaubenskrieg um künftige
Autotechnologien? Festzuhalten bleibt jedenfalls, dass weltweit
unterschiedliche Grenzwerte gelten. Und nicht nur das. Die
Regeln für das Aufstellen der erforderlichen Messstationen sind
alles andere als einheitlich, was internationale Vergleiche in ge-
wissem Maße ad absurdum führt.

Angesichts der aufgeregten Diskussion in Deutschland scheinen mir die Empfehlungen der Leopoldina geeignet, die Debatte zu versachlichen. Dazu muss man noch wissen, dass sowohl bei der Stickstoffdioxid- als auch bei der Feinstaubbelastung
der Trend in Deutschland seit Jahren rückläufig ist. «Angesichts
der im Vergleich zu Feinstaub geringeren gesundheitlichen Belastung durch Stickstoffdioxid erscheint eine Verschärfung des
entsprechenden Grenzwerts aus wissenschaftlicher Sicht nicht
vordringlich», kann man da lesen, und weiter heißt es: «In diesem Zusammenhang ist auch zu bedenken, dass die gegenwärtig im Fokus stehende Stickstoffdioxidbelastung durch die
Fahrzeugflottenmodernisierung voraussichtlich binnen fünf Jahren so weit zurückgehen wird, dass die geltenden Grenzwerte
weitgehend eingehalten werden können.» Man beachte den
technologieneutralen Begriff «Fahrzeugflottenmodernisierung».
Da steht nicht: durch die Umstellung auf E-Mobilität oder die
Abschaffung des Dieselantriebs respektive des Verbrennungs-
motors generell. Die Wissenschaftler der Leopoldina halten
nichts von Beschränkungen, «die sich gegen einzelne Verursa-
cher von Stickstoffoxid-Belastungen richten», und erwähnen
dabei explizit Straßensperrungen und isolierte Fahrverbote, die
lediglich «zu einer Verkehrsverlagerung in andere Stadtgebiete
führen». Beim Thema Feinstaub sind sie spürbar besorgter und
plädieren dafür, dass «eine weitere Reduktion der Belastung
deutlich angestrebt werden» soll.

Und es kommt noch etwas anderes hinzu: Wenn man der

Dieseltechnologie mit starrem Blick auf die Stickstoffoxidwerte den Garaus macht und dadurch den Anteil von Benzinmotoren erhöht – denn mit der E-Mobilität wird es womöglich nicht so schnell gehen, wie einige sich das vorstellen –, dann steigt der CO_2-Ausstoß. Aber genau das wollen wir ja mit Blick aufs Klima vermeiden. Deutschland hat sich dazu verpflichtet, den Ausstoß von Treibhausgasen, vor allem CO_2, aber zum Beispiel auch Methan, drastisch zu beschränken, und offenbar steht unser Land gar nicht so schlecht da, wie vielfach befürchtet. Im Vergleich zu 1990 wurde für 2019 – so das Umweltbundesamt – ein Rückgang um 35,7 Prozent errechnet. Noch 2017 lag dieser Wert bei 27,5 Prozent. Es sind also in zwei Jahren große Fortschritte erreicht worden. Das bedeutet, dass das gesteckte Ziel, bis 2020 eine Reduzierung um 40 Prozent zu schaffen, bei weitem nicht so unrealistisch ist, wie gedacht und noch vor Kurzem nahezu anklagend verkündet. Im Gegenteil: Wahrscheinlich wird dieser Wert dank der Sondereffekte durch die Corona-Krise für 2020 sogar deutlich übertroffen. Aber auch ohne diese Sondereffekte ist das Ziel so weit nicht entfernt. Wenn noch einmal eine Reduktion wie die von 2018 auf 2019 gelingt, liegt Deutschland im Soll.

Dazu muss man wissen, dass die Einsparungen im Wesentlichen aus der Strom- und Industrieproduktion kommen. Und da der Kohlekompromiss bereits zwischen 2020 und 2022 weitere größere Abschaltungen von Kohlekraftwerken vorsieht, ist eine Einhaltung der Verpflichtung auch 2021 gar nicht unrealistisch. Der Bereich Verkehr ist dagegen zuletzt sogar leicht gewachsen und beim Heizen entscheidet vor allem das Wetter über Zu- oder Abnahme des CO_2-Ausstoßes. Hier gibt es also in der Tat noch größeres Potenzial. Und das ist auch nötig, da Deutschland schon bis 2030 seinen Ausstoß an Treibhausgasen um 55 Prozent gegenüber 1990 reduzieren will.

Gute und böse Mobilität

Sollte Deutschland daher mit aller Macht auf die Einführung von Elektroautos setzen? Der Präsident des Umweltbundesamtes, Dirk Messner, hat noch im März 2020 gefordert, innerhalb von fünf Jahren müsse eine Quote von dreißig Prozent erreicht sein. Bundeskanzlerin Merkel hatte 2008 von einer Million Fahrzeugen bis 2020 gesprochen. Als man 2017 die geringen Zahlen zur Kenntnis nehmen musste, wurde bis 2022 verlängert, was vermutlich nicht viel nützen wird, angesichts der im März 2020 gerade mal 240 000 E-Autos, wobei in dieser Zahl auch noch die etwa 100 000 Plug-in-Hybride enthalten sind. Bemerkenswert in diesem Zusammenhang ist, dass 200 000 von den insgesamt 240 000 E-Autos erst angeschafft wurden, nachdem im Sommer 2016 dafür eine staatliche Förderung eingeführt wurde. Ein Drittel davon waren Plug-in-Hybride. Von der angestrebten Million sind wir also weit entfernt – trotz aller überaus großzügigen Förderprogramme. Bis zu 9000 Euro kann der Käufer eines E-Autos vom Staat bekommen. Plug-in-Hybride werden mit immerhin bis zu 6750 Euro bezuschusst. Um E-Autos wirklich attraktiv zu machen, müsste sich bei der Reichweite, bei den Ladezeiten und bei der flächendeckenden Versorgung mit Ladestationen in kurzer Zeit sehr viel ändern.

Sollten Verbrenner also gesetzlich verboten werden, um die Bürger zu klimafreundlichem Verhalten zu zwingen, wie es immer wieder gefordert wird? Ich betrachte die Sache jetzt einmal aus meinem ganz persönlichen Blickwinkel, weil sich daran der viel zitierte Unterschied zwischen Theorie und Praxis gut deutlich machen lässt. Ich wohne auf dem Land. Die Reichweite meines Fahrzeugs ist für mich von nicht unerheblicher Bedeutung. Würde ich in Berlin oder auch in Köln wohnen, sähe das möglicherweise etwas anders aus, vielleicht aber auch nicht. Denn wenn ich an meine Vortrags- und Lesereisen innerhalb Deutschlands denke, würde ich ungern alle 200 Kilometer nach einer Ladestation Ausschau halten, an der ich dann – wie lange eigentlich? – stehe. Wer einwenden will, man komme mit den neuen Modellen von E-Autos mittlerweile bis zu 300 Kilometer weit, dem möchte ich nur sagen, dass auch beim Verbrennungsmotor die wenigsten die Nerven haben, sich auf die Herstellerangaben zu verlassen, die in Tests ihre Berechtigung haben mögen, aber an den praktischen Anforderungen regelmäßig scheitern (Beladung, also Gewicht, Stau, Gegenwind etc.) Und was sind 300 Kilometer im Vergleich zu 800, die ich mit meinem Verbrenner spielend schaffe? Das hat dann schon etwas mit Zeitökonomie und auch mit Freiheit zu tun, nicht zu verwechseln mit der Tempolimit-Diskussion «freie Fahrt für freie Bürger». Ich nehme an, nicht wenige werden mir jetzt vorschlagen, dann doch lieber mit öffentlichen Verkehrsmitteln zu fahren. Wenn alles klappt und man ohne Umsteigen von A nach B kommt, hat es durchaus etwas für sich, im ICE gemütlich seine Zeitung zu lesen und einen Kaffee zu trinken, aber wie komme ich überhaupt zum Bahnhof, wenn ich auf dem Land wohne, und was mache ich mit meinem Gepäck? «Leichtes Gepäck» – in Anspielung auf den Titel von *Silbermond* – kriege ich nicht wirklich hin, teilweise aus Unvermögen, aber auch wegen diverser handfester Erfordernisse. Und noch ein Gedanke. Es ist noch nicht so lange her, dass mich mein Mann auf meinen zahlreichen Reisen immer begleitet hat. Mit Blick auf sein Alter und seinen Gesundheitszustand haben sich Bahnreisen mit dem ganzen Drum und Dran – zugige Bahnsteige, Gedränge, eine gewisse Hektik beim Umsteigen, weiß Gott nicht überall die Möglichkeit, Rolltreppen oder Aufzüge nutzen zu können – von vornherein verboten. Nicht zu reden vom zusätzlichen Gepäck. Fazit: Bahnreisen, wo immer es geht, wunderbar, aber es passt eben nicht für jede Lebenssituation. Eine moralische Entscheidung?

Gehen wir noch einmal einen Schritt zurück – sind batteriebetriebene E-Autos wirklich die bessere Alternative, wenn man deren Produktion in die Klimabilanz mit einbezieht? Fast alle Hersteller von Elektroautos konzentrieren sich heute auf Lithium-Ionen-Batterien, deren Erfinder 2019 den Chemienobelpreis bekommen haben. Smartphones, Laptops und weitere akkubetriebene Geräte haben durch diese neue Technologie einen Qualitätssprung erlebt. Die Umweltproblematik spielte erst mit Verspätung eine Rolle. Lithium-Batterien enthalten zum Beispiel Kobalt, das in größeren Mengen giftig und schwer zu entsorgen ist. Die katastrophalen Abbaubedingungen – zum großen Teil werden Kinder dafür eingesetzt – haben zwar nichts mit der Umwelt zu tun, sind aber wegen der mit ihnen verbundenen Menschenrechtsverletzungen problematisch. Darüber hinaus sind die weltweiten Vorräte an Lithium und Kobalt begrenzt. Die massenhafte Umrüstung auf diese Art von Batterien stößt also schnell an ihre Grenzen und schafft neue Probleme, statt welche zu lösen.

Die Wissenschaft forscht deshalb unter anderem daran, wie man Elektroden aus organischen Naturstoffen herstellen und damit auf Kobalt verzichten könnte. Auch völlig andere Batterietypen sind im Visier, zum Beispiel eine Natrium-Ionen-Batterie, die mit dem reichlich vorhandenen Rohstoff Salz arbeiten kann, oder Magnesium-Schwefel-Akkus. Erst seit Kurzem und verstärkt seit dem Corona-Konjunkturpaket wird auch die Forschung zu Wasserstofftechnologie gefördert, nachdem sie lange Jahre ein Nischendasein führte und teilweise schon abgeschrieben wurde. Hier gibt es sowohl die Möglichkeit, Wasserstoff in herkömmlichen Motoren zu verbrennen, wie Benzin und Diesel, oder mit ihm in einer Brennstoffzelle Strom zu erzeugen, der dann das Fahrzeug antreibt. Das Problem ist nur: Reinen

Wasserstoff gibt es nicht. Er muss erst erzeugt werden, zum Beispiel durch die Elektrolyse von Wasser, und das geht nur mit Strom. Doch den braucht es auch für die batteriegetriebenen Elektroautos. Ist der zur Erzeugung des Wasserstoffes genutzte Strom emissionsfrei, dann ist auch das Wasserstoff-Auto emissionsfrei. Doch anders als beim Elektroauto ist kein Akku erforderlich und der Wasserstoff kann einfach an Tankstellen nachgetankt werden, sofern diese entsprechend umgerüstet sind. Idealerweise würde es folgendermaßen funktionieren: In der Sahara zum Beispiel wird mit Sonnenenergie Strom gewonnen, den nutzt man für Elektrolyse, daraus entsteht Wasserstoff, der wird komprimiert, in Tanker gefüllt und nach Europa transportiert. Auf diese Weise hätte man nahezu unbegrenzt billigen, schadstofffreien Wasserstoff. Der Haken an der Sache: Die Solarfelder in der Sahara sind bislang nur Utopie und werden es angesichts der politischen Lage in der Region wohl auch erst einmal bleiben. Und wenn konventioneller Strom zur Herstellung genutzt wird, dann ist auch das Wasserstoffauto ebenso wie die batteriegetriebenen Elektroautos nicht emissionsfrei, hat aber gegenüber diesen einen schlechteren Wirkungsgrad, das heißt, die wirklich zur Fortbewegung genutzte Energie steht in einem schlechteren Verhältnis zur insgesamt verbrauchten Energie. Zudem ist für Brennstoffzellen derzeit noch Platin notwendig, was die so betriebenen Autos sehr teuer macht. Aber all das zeigt, es wird untersucht und geforscht und experimentiert. Kurzum – der einzige Rohstoff, der in Deutschland unbegrenzt vorhanden ist, wird intensiv genutzt, um Lösungen zu finden: das menschliche Gehirn und seine Innovationskraft.

Beim Durchforsten der Publikationen der Leopoldina ist mir denn auch immer wieder aufgefallen, dass von «technologieoffen» die Rede ist. Der Stein der Weisen zur E-Mobilität ist noch nicht gefunden, und da scheint es mir wenig hilfreich zu sein, wenn *ein* Weg gigantische Fördermittel verschlingt und diverse andere innovative, vielversprechende Ideen ein Schattendasein führen, weil sie in der Politik aus welchen Gründen auch immer keinen Widerhall finden. «Was die CO_2-Bilanz betrifft – da ist der Diesel zwanzig Prozent besser als alle anderen», hat mir ein Forscher gesagt, der auf die Veröffentlichung seines Namens keinen Wert legt. «Man hat den Verbrennungsmotor kaputtgeschrieben», meint er, der keine Verbindung als Berater oder Ähnliches zur Autoindustrie hat. Und weiter: «In der Fachwelt ist klar, dass die CO_2-Bilanz von E-Autos lange nicht so gut ist wie in den Medien und bei den Grünen immer behauptet.» Und er weist auf die CO_2-Belastung hin, die sowohl mit der Herstellung als auch mit der Verschrottung von derzeitigen E-Autos verbunden ist, die zudem noch eine kürzere Lebensdauer als ihre Verbrennungsmotor-Kollegen haben. Über all das vermisse er eine seriöse Debatte. Es sei immer nur vom «emissionsfreien E-Auto» die Rede. Der frühere Präsident des Ifo-Instituts Hans-Werner Sinn bezeichnet genau das als «zielgerichtete industriepolitische Täuschung» und warnt vor der *Ent*täuschung, die sich zwangsläufig einstellen wird, sobald die Öffentlichkeit mitbekommt, dass sich die erhofften CO_2-Reduzierungen dadurch nicht erreichen lassen. Der Umstand, dass der Strom zum Betanken der E-Autos durchaus nicht nur aus erneuerbaren Energien stammt, also sauber und CO_2-neutral ist, wird in dieser Rechnung noch gar nicht berücksichtigt.

Will man sich in die genauen Zahlen vertiefen, die etwas über die tatsächliche CO_2-Bilanz von E-Autos aussagen, dann muss man feststellen, dass sich die Angaben nicht nur innerhalb kürzester Zeit verändern – so hat zum Beispiel das schwedische Umweltinstitut IVL seine 2017 veröffentlichten Zahlen zwei Jahre später neu berechnet und kommt zu anderen (besseren) Ergebnissen –, sondern dass sie auch grundsätzlich sehr unterschiedlich sind. Wenn man wissen will, ab wie vielen gefahrenen Kilometern sich die im Vergleich zu Verbrennern höhere

CO_2-Erzeugung bei der Produktion von Elektroautos amortisiert, dann bekommt man aus verschiedenen Studien Werte zwischen 50 000 und 150 000 Kilometern. Manchmal wird sogar ausdrücklich auf gewisse Unsicherheitsfaktoren hingewiesen, weil «die Daten aus chinesischer Zellproduktion intransparent seien», wie im Dezember 2019 in der *Süddeutschen Zeitung* zu lesen war. Jeder kennt das geflügelte Wort: Glaube keiner Statistik, nur der, die Du selbst gefälscht hast. Aber so weit muss man gar nicht gehen. Der britische Wirtschaftswissenschaftler Ronald Coase drückt es anspruchsvoller aus: «Quäle Daten und sie werden alles zugeben.»

Angesichts dieser Lage und der Tatsache, dass sich die Gesellschaft in ihrer Mehrheit offensichtlich nicht danach sehnt, sich möglichst schnell ein E-Auto zuzulegen, stellt sich die Frage, warum deutsche Autohersteller jetzt in dem Maßstab *diese* E-Autos produzieren, die (noch) keiner haben will. Weil es Milliarden an EU-Fördergeldern dafür gibt? Professor Jörg Wellnitz von der TH in Ingolstadt, der die derzeitigen E-Autos sogar für «eine Katastrophe» in Bezug auf das Klima hält, zitiert einen Automanager mit den Worten: «Es zu machen ist billiger, als es nicht zu machen. Es ist sinnlos, aber es kostet weniger.»

Das passt zu einer Aussage des bereits erwähnten namenlosen Forschers. «Die Strafzahlungen sind so hoch», erklärt er mit Blick auf die Vorschriften der EU, «dass bei einigen Autokonzernen diese Zahlungen die Gewinne auffressen könnten, d. h., man produziert Hybride oder E-Autos, um die Vorgaben zu erreichen, aber nicht, weil man von der Technologie überzeugt ist. Beim Hybrid haben Sie zum Beispiel ein Gewichtsproblem, denn man hat die schwere Batterie *und* den Verbrennungsmotor.»

Der genaue Blick nach China könnte zu einer allgemeinen Ernüchterung führen. Dort wird nämlich die Förderung für Elektroautos stark zurückgefahren, wohingegen die Entwicklung ganz neuer Verbrennungsmotoren mit CO_2-neutralen

Kraftstoffen forciert wird. Wenn man berücksichtigt, dass der Strom in China gegenwärtig noch im Wesentlichen durch Kohlekraft produziert wird, und wenn man gleichzeitig bedenkt, dass China ein eigenes Interesse daran hat, die CO_2-Belastung zu reduzieren, dann ist dieser Schritt nur logisch.

Klimawandel ist ein Fakt. Darauf intelligent zu reagieren setzt voraus, nicht in Aktionismus zu verfallen, sondern die ganze Bandbreite menschlichen Denkens – auch abseits des allgemein Diskutierten – dafür einzusetzen, unseren Planeten weiterhin bewohnbar zu erhalten. Denkverbote helfen niemandem, und es ist auch keine Lösung, unbequeme Informationen beiseite zu wischen, nur weil sie bereits vorliegende Konzepte kaputt machen und man wieder neu anfangen muss zu denken.

Das bezieht sich auf die tatsächliche CO_2-Bilanz von batteriegetriebenen Elektrofahrzeugen genauso wie auf die Information, dass die Nutzung von Streaming-Diensten einen gewaltigen CO_2-Fußabdruck hinterlässt. Nicht umsonst hat sich EU-Kommissar Thierry Breton mit dem Netflix-Chef Reed Hastings in Verbindung gesetzt, um Einsparpotenziale auszuloten, die man zum Beispiel dadurch erreichen kann, dass Serien nicht mehr in HD-Qualität, sondern in Standardauflösung eingespeist werden. Eine Studie des britischen Vergleichsportals «Save on Energy» besagt, dass allein der Konsum – ohne die Produktion – der dritten Staffel von *Stranger Things*, der beliebtesten Horror-Mystery-Serie, 189 Millionen Tonnen CO_2 verursacht hat. Das macht umgerechnet 677 Millionen gefahrene Pkw-Kilometer. Da ein Deutscher im Durchschnitt mit seinem Auto 11 750 Kilometer pro Jahr fährt, ist allein diese eine Serie für so viel CO_2-Ausstoß verantwortlich wie 57 600 deutsche Autofahrer in einem ganzen Jahr. Und – was ist die Konsequenz? Bei diesem Beispiel werden vermutlich auch diejenigen, die sich mit Blick auf den Autoverkehr nicht nur als Klimaschützer geben, sondern wirklich welche sein wollen, einsehen, wie schwierig es ist, sinnvolle Lösungen zu erarbeiten. Der Schuss aus der Hüfte gelingt allenfalls im Westernklassiker … da gibt's die Bösen und die Guten ja meist noch.

Wo sind die Guten?

Wir sind von Kindheit an Geschichten gewöhnt, in denen Gut und Böse miteinander kämpfen. Schneewittchen wird von ihrer eifersüchtigen, bösen Stiefmutter verfolgt. Der böse Prinz Hans will die Eiskönigin Elsa und ihre Schwester Anna ermorden, um selber über Arendelle zu herrschen. Das Bedürfnis nach moralischer Eindeutigkeit sitzt tief in uns, vermittelt durch Geschichten, verstärkt durch die Religion. Doch existieren die Guten auch in der Realität?

Seit 1975 gibt es die Deutsche Umwelthilfe. Sie wurde gegründet, um für die Naturschutzorganisation BUND Spenden zu sammeln. Ende der achtziger Jahre änderte sich unter einem neuen Hauptgeschäftsführer das Selbstverständnis. Aus dem spendensammelnden Verein wurde ein klageberechtigter Verbraucherschutzverband. Seit 2008 darf dieser auch in Umweltfragen die Gerichte anrufen und macht davon regen Gebrauch. Mittlerweile arbeiten etwa einhundert hauptamtliche Mitarbeiter in der Deutschen Umwelthilfe, die ca. 450 Mitglieder und gut 6000 Fördermitglieder zählt. Die breite Öffentlichkeit wurde auf den Verein durch seine zahlreichen Klagen gegen Bundesländer oder Kommunen aufmerksam, die vielfach zu Dieselfahrverboten führten, u. a. auch auf dem als Ruhrschnellweg bekannten Autobahnabschnitt auf der A 40. Die Methoden des Vereins sind nicht unumstritten. 2007 zum Beispiel wurde die Autoindustrie dazu gezwungen, alte Dieselautos mit einem Rußpartikelfilter auszustatten. Mit Blick auf Feinstaub sicher keine schlechte Idee. Allerdings sollte man auch nicht unterschlagen, dass zu dieser Zeit Hersteller von eben solchen Filtern die Deutsche Umwelthilfe mit Spenden unterstützt haben. Die technische Umsetzung – die möglicherweise hätte effektiver ausfallen können, es in der Praxis aber nicht war – führte dazu, dass sich der Ausstoß von Stickstoffoxid erhöhte, worauf der Verein dann wegen dieser Werte klagte, um Dieselautos aus den Innenstädten zu verbannen. Des Weiteren wurde BMW zur Zielscheibe der Deutschen Umwelthilfe, indem man dem Konzern vorwarf bei Abgastests betrogen zu haben. Daraufhin wurde das Kraftfahrtbundesamt mit der Überprüfung beauftragt, konnte jedoch keine Belege für diese Vorwürfe finden. Der *Spiegel* schrieb dazu am 21. November 2018: «Als wahrscheinlich gilt, dass die DUH-Tester das beanstandete BMW-Modell mit so hoher Drehzahl gefahren hatten, dass die Abgasreinigung zurückschaltete.» Die Finanzierung des Vereins hinterlässt ebenfalls einen zweifelhaften Eindruck, da die Mittel zu einem großen Teil aus Abmahngebühren stammen, für deren Eintreiben eine eigene Abteilung zuständig ist. Auf diese Weise kommen pro Jahr etwa zweieinhalb Millionen Euro zusammen, was immerhin einen Anteil von dreißig Prozent des Gesamtetats ausmacht. Der Rest ist Steuergeld – denn Ministerien und EU verteilen Fördermittel an gemeinnützige Organisationen – und Spenden, u. a. bis einschließlich 2018 zwanzig Jahre lang von Toyota, zuletzt in einer Höhe von 30 000 Euro im Jahr.

Zwischenzeitlich wurde auf dem Gerichtsweg versucht, der Deutschen Umwelthilfe ihre Gemeinnützigkeit abzuerkennen, eben wegen der ausgedehnten Abmahnpraxis. Damit sind die Kläger allerdings gescheitert. Wenn Umwelt und Gesundheit draufsteht, dann gehen die Finanzämter, die dafür zuständig sind, davon aus, dass es sich auf jeden Fall um gemeinnützige Ziele handelt.

Hin und wieder empfiehlt sich allerdings ein genauerer Blick. Als sich Bundeskanzlerin Angela Merkel am 18. März 2020 wegen der Corona-Pandemie in einer eindringlichen Rede an die Deutschen wandte, waren laut Angaben des Robert-Koch-Instituts über 8000 Personen infiziert und bereits zwölf in Zusammenhang mit dem Virus gestorben. Nach Recherchen von *Focus Online* soll die Deutsche Umwelthilfe genau an diesem Tag eine Abmahnung an einen Baumarkt in Köln verschickt haben wegen eines Verstoßes gegen die «Energieverbrauchskennzeichnungsverordnung». Ein Kontrolleur des Vereins habe am 5. März festgestellt, so der Vorwurf, dass bei verschiedenen Backöfen, Dunstabzugshauben und Geschirrspülern die entsprechenden Aufkleber, denen man den Energieverbrauch entnehmen kann, entweder verdeckt oder nicht in der vorgeschriebenen Größe angebracht gewesen seien. Da scheint mir der Eigennutz weit vor der Gemeinnützigkeit zu rangieren. In Zeiten, in denen Millionen von Menschen nicht nur Angst um ihre Gesundheit, sondern auch um ihre berufliche Existenz haben, beschäftigt sich ein sogenannter gemeinnütziger Verein mit der Größe und Sichtbarkeit von Energielabels? Als Begründung schob der Hauptgeschäftsführer Jürgen Resch in einer Erklärung nach: «Wir hoffen, dass die Unternehmen während der Corona-Krise ihr Möglichstes tun, um rechtliche Vorgaben zur korrekten Information der Verbraucher einzuhalten. Diese herausfordernde Situation darf kein Freibrief sein, um schwerwiegende Verstöße gegen ökologische Verbraucherschutzvorschriften zu begehen.» – Das Schwerwiegende mag mir im vorliegenden Fall so gar nicht einleuchten. Und bei Umweltschutzorganisationen automatisch Gutes zu vermuten, funktioniert offenbar auch nicht.

Die Würde des Andersdenkenden

Wir leben in einem demokratischen Rechtsstaat, der Meinungs- und Pressefreiheit garantiert. Unser Wahlrecht sorgt dafür, dass auch qualifizierte Minderheiten im Parlament vertreten sind. Die Voraussetzungen für eine streitbare pluralistische Gesellschaft in Freiheit unter dem Dach gemeinsamer Werte könnten also besser nicht sein. Ohne gemeinsame Werte und Regeln ist die Existenz einer freien pluralistischen Gesellschaft gefährdet. Das mag sich widersprüchlich anhören, aber es sind nicht selten gerade die vermeintlichen Widersprüche, die über die stabilste innere Logik verfügen. Auf den ersten Blick scheinen sich die Begriffe *Freiheit* und *Regeln* gegenseitig auszuschließen. Doch schon auf den zweiten Blick wird schnell klar, dass *Freiheit* und *Regeln* zwei Seiten ein und derselben Medaille sind. Freiheit ohne Regeln ist Anarchie. Regeln und Gesetze schränken Freiheiten ein, um die Freiheit als Wert sichern zu können. So weit die Theorie. Spannend wird es – wie immer – bei der praktischen Umsetzung. Wo zieht man die Grenzen? Wie viel Freiheit braucht eine Gesellschaft, um sich pluralistisch nennen zu können? Wie viele Regeln verträgt eine Gesellschaft, um sich noch pluralistisch nennen zu dürfen? Um diese Fragen zu entscheiden, bedarf es nicht nur formaler demokratischer Prozesse, sondern auch einer Reihe von Tugenden, über die der viel zitierte mündige Bürger – auf den eine funktionierende Demokratie angewiesen ist, man kann es nicht oft genug wiederholen – verfügen sollte: Dialogbereitschaft und Diskussionsfähigkeit, kurz: Streitkultur, die zwischen sachlicher Argumentation und persönlicher Beleidigung zu unterscheiden weiß.

Anständig streiten

Pluralistische Gesellschaften zeichnen sich unter anderem dadurch aus, dass sie Lebensveränderungen schneller aufnehmen als andere. Ganz gleich, ob sich die Gewichte innerhalb der Gesellschaft verschieben oder äußere Einflüsse wechseln – eine pluralistische Gesellschaft wird darauf reagieren und sich strukturell anpassen. Dieser Prozess gestaltet sich für den Einzelnen sehr unterschiedlich, für manche schmerzhafter als für andere. Menschen, denen Veränderungen zugemutet werden, müssen eine Verbesserung für sich darin erkennen können. Warum sonst sollten sie etwas ändern? Es sei denn, der Erhalt so grundlegender gemeinsamer Werte wie Freiheit, Demokratie oder Frieden steht auf dem Spiel. Dann sieht die Sache anders aus. Dann lohnt auch ein unbequemer Weg, selbst wenn er Opfer abverlangt.

Wegen der großen Bandbreite an Möglichkeiten, die eine pluralistische Gesellschaft den Menschen im Hinblick auf ihre persönliche Lebensgestaltung bietet, gehören Respekt und Toleranz zu den unverzichtbaren Bestandteilen einer solchen Gemeinschaft, wenn sie funktionieren soll. Es gibt Menschen, die diese Werte ablehnen und sich bewusst über andere stellen, sei es aufgrund ihrer sozialen Position, ihres Geschlechts, ihres Alters, ihrer «Rasse» oder ihrer Nationalität. Mir scheint allerdings, dass sie bei uns nur eine Minderheit darstellen und die große Mehrheit Respekt und Toleranz im gegenseitigen Umgang für wichtig hält.

Eine Studie der Bertelsmann-Stiftung zum *Bürgersinn in der Einwanderungsgesellschaft* kam 2018 zu dem Ergebnis, dass sich die Deutschen weitgehend einig sind, was einen guten Bürger ausmacht. 98 Prozent hielten Respekt vor Älteren für wichtig und denselben Wert erreichten «Gesetze befolgen» und «eigener Unterhalt». 97 Prozent kreuzten «umweltbewusst handeln» an und 96 Prozent «Gleichberechtigung von Mann und Frau» sowie «Toleranz». 93 Prozent wählten «Religionen respektieren».

Auch wenn Respekt und Toleranz theoretisch weitgeteilte Werte sind, hapert es nicht selten bei der praktischen Umsetzung. So gaben bei einer Umfrage des *Tagesspiegels* ebenfalls 2018 83 Prozent der Befragten an, dass «die Toleranz für unterschiedliche Meinungen» in Deutschland «eher» oder «eindeutig abgenommen» habe. Ein Grund dafür mag sein, dass Menschen in ihrer Mehrheit dazu neigen, ihren eigenen Lebensstil, ihre eigene Weltanschauung für die einzig richtige zu halten und – bewusst oder unbewusst – eine Werteskala aufzustellen, bei der sie selbst und ihr Lebensmodell ganz oben stehen. Wer aus diesem Selbstverständnis Rechte und Privilegien ableitet oder gar versucht, anderen seine Vorstellungen aufzudrängen, der verliert ganz schnell die Fähigkeit, Respekt und Toleranz auszuüben, selbst wenn er diese nach wie vor – theoretisch – für hochstehende Werte hält.

An der Stelle lauern zwei Missverständnisse. Das erste hängt damit zusammen, dass Toleranz und Gleichgültigkeit zwei verschiedene Dinge sind. Bin ich tolerant, wenn ich die rituelle Beschneidung von Mädchen respektiere, oder hört da die Toleranz eben wegen gemeinsamer Werte in unserer pluralistischen Gesellschaft auf? Mache ich mich möglicherweise sogar schuldig, wenn ich das toleriere? Das zweite Missverständnis birgt ganz besondere Tücken. So pluralistisch und weltoffen eine Gesellschaft sein mag, so hat sie doch ihre ganz eigenen Ursprünge und Traditionen. Hier kommt der Begriff *Heimat* ins Spiel und erneut einer dieser scheinbaren Widersprüche. Wer sich heimisch fühlt, für den ist Globalisierung weniger bedrohlich. Wer regional verwurzelt ist, hat mit Europa kein Problem. Patriotismus hat nichts mit Nationalismus zu tun. Mehr noch: Wer aus falsch verstandener Weltoffenheit patriotische Gefühle unterdrückt oder verunglimpft, fördert Fremdenangst und Nationalismus und schadet einer offenen pluralistischen Gesellschaft.

Als überzeugte Europäerin mit nationalstaatlicher Identität würde ich mir wünschen, dass nicht jede Reform, die weh tut, auf Europa geschoben wird, dass Europa mehr mit Hoffnungen als mit Ängsten verbunden ist und dass mehr Menschen den europäischen Weg zwar als riskante, aber notwendige und vielleicht sogar wirklich alternativlose Gratwanderung begreifen: Wir dürfen das Ziel nicht aus den Augen verlieren, wir müssen uns der Abgründe bewusst sein, ohne ständig ängstlich hinunter zu schielen – die sicherste Methode abzustürzen –, und wir müssen diesen Weg wollen. Es muss einleuchten, dass er sich lohnt. Ein solches Unterfangen gegen den Willen der Beteiligten würde nicht nur den *sozialen* Frieden aufs Äußerste gefährden. Und insofern würde ich mir weiter wünschen, dass der Brexit nicht als Marotte verrückt gewordener Briten abgetan, sondern als Warnschuss verstanden wird, dieses wunderbare und komplizierte Gebilde Europa im Rahmen der EU intelligent und so gerecht wie möglich zusammenzubinden.

Integration ist wahrlich kein einfaches Thema, nicht nur im Zusammenhang mit Migration und Flüchtlingen, sondern auch mit Blick auf die EU. Ich denke, wir müssen unterschiedliche Positionen aushalten und versuchen herauszufinden, womit sich die Mehrheit der Menschen am sichersten und wohlsten fühlt. Einigermaßen unumstritten ist die Erkenntnis, dass Europa nur als Ganzes, als Europa eben, in der Welt Gewicht hat. Allenfalls Frankreich, Großbritannien und Deutschland hätten eine gewisse Chance, mit ihren Positionen in der Weltpolitik einzeln zur Kenntnis genommen zu werden, wobei Großbritannien jetzt ohnehin durch den Austritt aus der EU als Solitär wahrgenommen wird, und es wird – nebenbei bemerkt – spannend sein zu beobachten, ob sich die düsteren Prognosen für die Insel bestätigen oder möglicherweise eben auch nicht. Was

die Integration innerhalb der EU angeht, so besteht eines der
größten Probleme in dem Spannungsverhältnis, einerseits als
«Europa» handlungsfähig sein zu wollen und «mit einer Stimme
zu sprechen», wie es immer wieder heißt, aber auf der anderen
Seite doch auch eigene nationale Interessen vertreten zu können. Genauso wie es keine von oben verordnete Völkerfreund-
schaft gibt, wie die Sowjetunion leidvoll erfahren musste, genauso wenig lässt sich europäische Integration erzwingen. Das
wird nur funktionieren, wenn alle Beteiligten das wollen, und
dazu ist es nötig, dass alle Beteiligten daraus Vorteile ziehen.
Das wiederum setzt voraus, dass man die Dinge offen auf den
Tisch packen und darüber streiten dürfen muss. Sonst passiert
auf europäischer Ebene genau das, womit wir es auch innenpolitisch zu tun haben: Was viele Menschen bewegt und be-
sorgt, wird von den politischen Rändern thematisiert und damit für die Mitte der Gesellschaft undiskutabel. Das führt
allerdings keineswegs dazu, dass sich das Problem erledigt. Ganz
im Gegenteil.

Der Historiker Heinrich August Winkler hat zu Recht wiederholt darauf hingewiesen, dass es bei den Wahlen zum Europäischen Parlament kein gleiches Wahlrecht gibt, und dass es
dieses auch nicht geben kann, ohne das Parlament so aufzu-
blähen, dass es nicht mehr arbeitsfähig ist. Denn wenn das
Prinzip «one man one vote» Anwendung finden würde, dann
würden die kleinen Staaten kaum angemessen repräsentiert werden können. Das Wahlrecht muss also zwangsläufig die Bevölkerungen der großen Staaten benachteiligen. Während in Deutschland ein Abgeordneter etwa 800 000 Bürger repräsentiert, sind
es für Malta nur um die 70 000. Demokratisch legitimiert sind
daher nach wie vor in erster Linie die nationalen Regierungen.
Wer immer mehr Kompetenzen nach Straßburg oder Brüssel
übertragen will, vergrößert somit eher noch das demokratische
Legitimationsproblem der EU und liefert denjenigen Muni-

tion, die gegen «Brüssel» mobil machen, um die EU zu sprengen. Dass über diese Dinge nicht kontroverser in den sogenannten Leitmedien gestritten wird, verstehe ich nicht. Der Austausch verschiedener Positionen, untermauert mit Argumenten, würde die viel zitierte politische Mitte statt die Ränder stärken. Es geht doch nicht um «ja zur EU» oder «nein zur EU», um EU-Befürworter oder EU-Gegner, um Gut und Böse, sondern darum, für welche EU die einzelnen Mitgliedsländer bereit sind und wie die Vision eines geeinten Europa zu retten ist.

Mich erinnert das alles ein wenig an die Diskussion vor Einführung des Euro. Es hat eine ganze Reihe renommierter Wissenschaftler gegeben, die nicht den Euro selbst für falsch, aber den Zeitpunkt seiner Einführung für überstürzt hielten und das genau begründet haben. In einem Manifest legten 62 Wirtschaftswissenschaftler – darunter viele hochkarätige Ökonomen mit internationaler Reputation – bereits 1992 ihre Bedenken zur Wirtschafts- und Währungsunion dar, als es um die Ratifizierung der Beschlüsse von Maastricht ging. Nicht unwichtig in dem Zusammenhang: Es handelte sich um eine sehr heterogene Gruppe, die bei kaum einem anderen Thema einer Meinung war. Unmittelbar nach Veröffentlichung des Manifests wurden nicht etwa die einzelnen Punkte diskutiert, sondern die Autoren wüst beschimpft. Politik, Exportindustrie und Großbanken warfen den Wissenschaftlern vor, der Kleinstaaterei das Wort zu reden, bezeichneten sie als Anti-Europäer und Nationalisten. Damit hatte sich der gesittete Austausch von Argumenten erledigt. Sowohl politisch als auch medial hatte ihr Beitrag zur Sache keine Chance, zur Kenntnis genommen zu werden. Dabei lagen die Dinge gut sichtbar auf der Hand. Ein Banker, Spezialist in Sachen Europa, hat das mir gegenüber damals folgendermaßen zusammengefasst: «Es müssen drei Dinge unter einen Hut gebracht werden, die eigentlich nicht unter einen Hut zu kriegen sind. Erstens, die Konvergenzkriterien sollen streng angewandt werden. Zweitens, damit die Veranstaltung ökonomisch einen Sinn hat, muss die Zahl der Teilnehmer hinreichend groß sein. Und drittens soll der Termin 1. Januar 1999 gehalten werden. Wendet man die Kriterien streng an und will eine große Zahl von Mitgliedern haben, dann ist der 1. Januar 1999 nicht zu schaffen. Wendet man die Kriterien streng an und hält den Termin, dann können nur sehr, sehr wenige teilnehmen – oder niemand. Die dritte Variante: Soll die Teilnehmerzahl groß sein und der Termin gehalten werden, dann müssen Sie die Kriterien aufweichen. Das sind die drei Spielarten, die wir zur Verfügung haben.» Mittlerweile weiß jeder, welche Variante mit welchen Konsequenzen praktiziert wurde.

Natürlich ist es einfacher, schwierige, heikle Themen aus dem öffentlichen Diskurs zu verbannen, als sich damit so detailliert und differenziert auseinanderzusetzen, dass menschenverachtende Positionen bei der Lösung des Problems keine Chance bekommen. Das ist anstrengend, aber es führt meines Erachtens zu stabileren Verhältnissen, weil sich die Unzufriedenen ernst genommen fühlen und sich leichter an all die gemeinsamen Werte erinnern, die unsere freiheitliche pluralistische Gesellschaft zusammenhalten.

Eliten und ihre Verantwortung

Wer aber bestimmt die gemeinsamen Werte, die eine pluralistische Gesellschaft unbedingt braucht? Wer formuliert die dazu notwendigen Regeln? Und wer kümmert sich darum, dass sie eingehalten werden? Dazu brauchen wir Eliten. Nach meinem Verständnis besteht das Hauptkriterium dafür, Elite zu sein und nicht bloß zu ihr zu gehören, nicht in exzellenter Bildung – das ist eine selbstverständliche Voraussetzung –, sondern darin, von den Dingen den Wert statt den Preis zu kennen und in der Lage

zu sein zu sagen: Aus Gewissensgründen, und nicht weil es ausdrücklich verboten ist, kann ich das und das nicht machen.

Wenn heute von Elite die Rede ist, dann denken viele gleich
an Establishment, und dieser Begriff ist negativ besetzt. Er zielt
auf verkrustete Führungskader, die sich eingenistet haben und
deren Bestreben in erster Linie ihrem Machterhalt gilt, den sie
mit ausgeklügelten, abgeschotteten Netzwerken sichern. Das ist
nicht die Elite, die ich meine. Ich rede von Männern und
Frauen (und allen Menschen, die sich in dieser Unterteilung
nicht wiederfinden), für die der Begriff Verantwortung keine
hohle Floskel ist, die bereit sind, einer Gemeinschaft zu dienen,
und die aufgrund ihrer geistigen Kapazität und einer hervorragenden Ausbildung in der Lage sind, Situationen zu analysie-
ren, Probleme zu erkennen und sich Strategien zu deren Lösung
auszudenken. Meist gibt es verschiedene Wege, d. h., es ist von
Vorteil, sich gegenseitig zuzuhören und im Bewusstsein der
Würde des Andersdenkenden gegebenenfalls über den besten
Weg zu streiten, zivilisiert und an der Sache orientiert.

Was Verantwortung betrifft, da hat sich nach meinem Eindruck über die Jahre viel verändert. Wer ist heute schon eindeutig und nachvollziehbar für etwas verantwortlich? Im vierteili-
gen Fernsehklassiker *Der große Bellheim*, der 1993 erstmals
ausgestrahlt wurde, bekommt Mario Adorf als Kaufhaus-Chef
auf seine Frage, wer denn für etwas ganz Bestimmtes verantwortlich sei, die Antwort: Wir. Seine Reaktion: Wir – das gefällt
mir nicht, dann ist es letztlich niemand. – Das scheint mir den
Kern des Problems genau zu treffen. Aber was war zuerst da?
Die Strukturen, die eindeutige Verantwortlichkeiten im Sinne
einer möglicherweise falsch verstandenen Demokratisierung
abgeschafft haben? Oder fehlten die Figuren, die willens und in
der Lage sind, Verantwortung mit allen Konsequenzen zu übernehmen? «In meiner Firma haben fünf Mann über den Kauf
einer Tischdecke beraten, weil sich keiner traute, allein eine

Entscheidung zu treffen.» Diese Aussage eines Unternehmers am Rande einer Veranstaltung, in der es um Compliance ging, muss irritieren. Trotz intensiven Nachdenkens über dieses Phänomen fällt es mir schwer, es abschließend zu beurteilen, muss ich zugeben. Ist es autoritär und aus der Zeit gefallen, wenn Personen – zwar nach Beratungen und Diskussionen mit anderen, aber letztlich dann eben doch – in alleiniger Verantwortung etwas entscheiden? Ist es besser, im Sinne von demokratischer, Entscheidungen auf viele Schultern zu verteilen? Oder dient es nur dazu, Verantwortlichkeiten zu verschleiern, so dass man im Fall der Fälle mit einem Bauernopfer ungeschoren davonkommt? Es gibt so vieles zu bedenken, denn auch die Tragweiten sind unterschiedlich, je nachdem ob es sich auf politischem oder wirtschaftlichem Gebiet abspielt oder auch im journalistischen Bereich. Wie verändert es eine Gesellschaft, wenn die Fähigkeit und die Bereitschaft, ohne Wenn und Aber Verantwortung für eigenes Handeln zu übernehmen, nachlassen? Warum ist das überhaupt so? Spielt das Internet mit seinen nahezu unbegrenzten Möglichkeiten, nicht für etwas verantwortlich zeichnen zu müssen, eine Rolle dabei?

Kaum etwas anderes hat in letzter Zeit die Gesellschaft so stark verändert wie das Internet. Die Vor- und Nachteile halten sich vermutlich die Waage, ohne dass ich es genauer quantifizieren könnte oder wollte. Und bei manchen Wirkungen ist es gar nicht so eindeutig, in welche Waagschale sie gehören. Wer wollte bestreiten, dass Anonymität einen gewissen Schutz bietet in Systemen, die ihre Bürger unterdrücken und ihnen keine Freiheiten lassen. Wobei die Betonung auf «einen gewissen» liegt, denn die technischen Möglichkeiten werden immer subtiler, um Internetnutzer letztlich doch zu überwachen. Aber grundsätzlich hilft es in diesen Fällen schon, anonym auftreten zu können. Andererseits trägt diese Anonymität zu einer beispiellosen Verrohung bei. Zivilisierte Gesellschaften leben unter anderem davon, dass ihre Mitglieder für ihr Verhalten verantwortlich und haftbar gemacht werden können. Wenn das nicht mehr gegeben ist, drohen anarchische Verhältnisse, denn wer sollte einen noch zur Rechenschaft ziehen? Die Würde des Andersdenkenden wird kaum irgendwo anders so schamlos verletzt wie in der Anonymität des Internets, in diesem «Paradies für Feiglinge», wie ein Holocaust-Überlebender es in der 20-Uhr-Tagesschau am 19. April 2020 gesagt hat, als es um Hetze im Internet ging.

Verantwortung übernehmen und eigenverantwortlich entscheiden, diese beiden Dinge gehören zusammen. Aber dazu braucht es eindeutige Zuständigkeiten und meines Erachtens etwas weniger Kujonierung durch Parallelstrukturen, die unter dem Oberbegriff Qualitätskontrolle allenthalben aus dem Boden gestampft wurden. Warum sollten hochkarätig besetzte Redaktionen in öffentlich-rechtlichen Sendeanstalten «Qualitätsmanagement» nicht in Eigenregie bewältigen können? Man kann sich Rat von außen holen, aber kann man die Verantwortung teilen? Wer ist denn dann letztlich wirklich verantwortlich: die Mitglieder der Redaktion, die die Programmarbeit leisten, oder das Team des Qualitätsmanagements, das die Programmarbeit «inspiriert» und kontrolliert? Warum soll man überhaupt Verantwortung übernehmen, wenn einem ein Kontrollgremium alles abnimmt? Niemand wird die Notwendigkeit von Kontrollmechanismen, gerade auch von betriebswirtschaftlichen Kontrollmechanismen, bestreiten wollen, aber man muss über die Gewichtung diskutieren, wenn in Krankenhäusern Fallmanager darüber entscheiden, nach wie vielen Tagen Patienten entlassen werden, und wenn in öffentlich-rechtlichen Sendeanstalten, die schließlich einen klar definierten Auftrag haben, so stark nach Einschaltquoten geschielt wird, deren Erhebung zudem fragwürdig ist. Warum nicht auch mal darüber diskutieren, Medien durch Steuergelder statt durch Rundfunkgebühren zu finanzieren? Einfach weil gesicherte umfassende Information wichtig für das System der Demokratie ist. Und da sind wir wieder beim Kern: der Demokratie. Man kann es drehen und wenden wie man will, sie verdient ihren Namen nur dann, wenn die in ihr lebenden Menschen die Chance haben, Verantwortung zu übernehmen, und zwar so, dass man ihnen – von mir aus nach einem knallharten Auswahlverfahren – Vertrauen entgegenbringt und sie machen lässt, ohne irgendein Kontrollgremium darüberzustülpen, das im schlechtesten Fall zwar über mehr Befugnisse, aber weniger Kompetenz verfügt.

Die Kapitänin Carola Rackete hat Verantwortung übernommen, als sie sich Ende Juni 2019 dazu entschloss, gegen alle Verbote ihr Schiff mit 40 Flüchtlingen an Bord nach 15 Tagen des Herumirrens auf dem Mittelmeer in den Hafen von Lampedusa in Italien zu steuern. Ihr war bewusst, dass sie sich damit strafbar machte und dass ihr im schlimmsten Fall eine langjährige Haftstrafe drohte. Sie hat sich dem Ansinnen widersetzt, die Geflohenen nach Libyen zurückzubringen, wo, wie jeder weiß, unvorstellbare Gewalt herrscht. Sie hat sich nicht hinter Vorschriften versteckt, sondern eine Entscheidung getroffen und dafür die Verantwortung übernommen. Respekt. Eine weitgereiste junge Frau, die durch ihre frühere Arbeit auf internationalen Forschungsschiffen hautnah mit dramatischen Umweltschäden in Berührung gekommen ist, was ihr Engagement für Umweltschutz beflügelte. Als Umweltschützerin war sie denn auch im November 2019 Gast in der Sendung «Die Woche» mit Sandra Maischberger. Zusätzlich war die Generalsekretärin der FDP, Linda Teuteberg, eingeladen, und die beiden Frauen wurden nebeneinandersitzend von Sandra Maischberger zum Thema Klimawandel und was man dagegen unternehmen kann interviewt. Beide hatten die Chance, ihre unterschiedlichen Auffassungen darzulegen, wie man die Pariser Klimaziele erreichen könnte. Sie sind sich nicht ins Wort gefallen und haben sich auch nicht gegenseitig angegriffen. Man konnte als Zu-

schauer völlig unaufgeregt die jeweiligen Gedankengänge nachvollziehen. Also alles bestens. Wenn da nicht diese Körperspra-
che gewesen wäre, von der ich behaupten möchte, dass sie die
Würde des Andersdenkenden ebenso verletzt, wie das hin und
wieder zu beobachtende Gekeife zwischen Diskutanten. Carola
Rackete würdigte ihre Gegenspielerin während der ganzen Zeit
keines Blickes. Weder während ihrer eigenen Ausführungen –
dass sie bei ihren Antworten die Moderatorin anschaut, die ihr
schließlich die Fragen gestellt hat, kann man verstehen – noch
während Linda Teuteberg gesprochen hat. Der Blick von Carola
Rackete war starr nach vorne gerichtet, und ihr Gesichtsaus-
druck hätte jedem Pokerspieler alle Ehre gemacht. Mich hat das
sehr enttäuscht. Was vergibt man sich denn, wenn man denjenigen ins Gesicht schaut, die anderer Meinung sind? Schon gar,
wenn – wie in diesem Fall – beide das gleiche Ziel haben, es nur
mit unterschiedlichen Mitteln erreichen wollen. Dieses Verhalten war so auffällig, dass Sandra Maischberger es sogar während
der Sendung ansprach – «Sie gucken die ganze Zeit Frau Teuteberg nicht an» –, es aber nicht weiter thematisierte. Um präzise
zu sein: Bis auf zwei flüchtige Seitenblicke, von denen man
nicht genau ausmachen konnte, ob sie Frau Teuteberg oder dem
in dieser Richtung sitzenden Publikum galten, gab es während
des gesamten Gesprächs vonseiten Carola Racketes keinen
Blickkontakt zu ihrer Mitdiskutantin.

Spiel' nicht mit den Schmuddelkindern

Die Würde des Andersdenkenden wird von allen Seiten verletzt.
Rechte gegen Linke, Linke gegen Rechte, Konservative gegen
Liberale, Liberale gegen Konservative, wobei es ja auch konservative Liberale gibt oder liberale Konservative. Was ich damit
sagen will: Am Anfang müsste stehen, die Gedanken eines

Andersdenkenden in ihrer Substanz zur Kenntnis zu nehmen, sich nur auf den Sachverhalt zu konzentrieren und nicht nach einem Etikett zu suchen, das die Aussage des jeweils Andersdenkenden be- bzw. abwertet und mit dem diese Aussage dann in eine Schublade verbannt wird, die all die Gleichgesinnten erst gar nicht öffnen mögen, weil man mit dem, was draufsteht, doch ohnehin nichts zu tun haben möchte.

Es gibt eine Reihe von Methoden, Andersdenkende auf diese Weise auszugrenzen oder zu diffamieren und sie damit aus dem öffentlichen Diskurs zu verbannen. Sehr beliebt und sozusagen «kleines Besteck» ist der Vorwurf des Populismus. Wenn man den Begriff zugrunde legt (von populus = das Volk), bedeutet er zunächst einmal nichts anderes, als dem Volk aufs Maul zu schauen. Wer Populismus ablehnt, hält also nicht viel von der Meinung des Volkes? Was ist das denn für eine Auffassung von Demokratie? Mir ist durchaus klar, dass es einer Demokratie nicht guttut, wenn uninformierte, pöbelnde Massen Mehrheiten bilden, mit denen dann Entscheidungen getroffen werden, die auf falschen oder unzureichenden Voraussetzungen beruhen; wenn rhetorisch Begabte in Rattenfänger-Manier auf Stimmenfang gehen können. Aber dann muss die Demokratie eben dafür sorgen, dass ihre Bürger so gut wie möglich ausgebildet und informiert werden. Das ist das Unbequeme an Demokratie, wenn man sie ernst nimmt und nicht zur hohlen Hülse verkommen lassen will. «In der Masse ist das Volk ein bisschen beschränkt», das trauen sich viele dann doch nicht zu sagen. Aber der Vorwurf des Populismus ist mehr als salonfähig. Sehr praktisch in der Anwendung ist er außerdem, denn er lässt sich für die gesamte Bandbreite politischer Richtungen einsetzen. Von rechts nach links und umgekehrt; und er taugt hervorragend zur Polarisierung.

Die bequemste und sicherste Methode, jemanden loszuwerden und sich nicht inhaltlich auseinandersetzen zu müssen, ist, eine möglichst abscheuliche Ecke zu finden, in die man ihn stellen kann. Die mit Abstand abscheulichste ist die mit der Aufschrift Antisemitismus. In Deutschland hat der Antisemitismus eine schlimme Tradition, die bis ins Mittelalter zurückreicht. Im Bismarckreich war er fest in der deutschen Gesellschaft verankert. «Die Juden sind unser Unglück», lautete die berüchtigte Formulierung des Historikers Heinrich von Treitschke. Im Ersten Weltkrieg wurde eine «Judenzählung» im deutschen Heer veranstaltet, weil man unterstellte, «die Juden» drückten sich vor dem Kriegsdienst. Das Gegenteil kam heraus. Nach dem Krieg machte die extreme Rechte «die Juden» zu Sündenböcken für Niederlage und Revolution. Die Nationalsozialisten waren von Anfang an fanatische Rassenantisemiten. Der Antisemitismus war gewissermaßen der Kern ihrer menschenverachtenden Ideologie und ihrer barbarischen Politik. Im Zweiten Weltkrieg brachten Deutsche im Holocaust Millionen von Juden auf bestialische Weise und kühl-industriell ums Leben. Wer heute in Deutschland antisemitisches Gedankengut verbreitet, der steht außerhalb dessen, über das in unserer Gesellschaft pluralistisch debattiert werden kann und sollte. Fakt ist leider, dass die Zahl antisemitischer Vorfälle nicht nur in Deutschland zugenommen hat und dass sich antisemitisches Verhalten auch in Teilen der Bevölkerung zeigt, die sich außerhalb eindeutig rechtsextremer Kreise bewegen. Ohne im Einzelnen auf die länderspezifischen Definitionsunterschiede zwischen antisemitischen Straftaten und antisemitischen Vorfällen einzugehen, kam eine Umfrage der Grundrechteagentur der EU-Kommission 2019 zu dem Ergebnis, dass 39 Prozent der Juden in den vergangenen fünf Jahren wegen ihres Glaubens Belästigungen, Anfeindungen oder Angriffe erlebt haben. 63 Prozent der befragten Juden gaben an, dass der Antisemitismus in den letzten fünf Jahren stark angestiegen sei, wobei in Deutschland 60 Prozent dieser Meinung waren und in Frankreich 77 Prozent. In den USA meldet die Anti-Defamation League, die amerikanisch-jüdische Organisation, die sich schwerpunktmäßig dem Kampf gegen den Antisemitismus widmet, eine 150-prozentige Zunahme antisemitischer Vorfälle zwischen 2013 und 2018.

Doch was genau ist antisemitisches Verhalten und wie äußert sich antisemitisches Gedankengut? Wenn jemand Juden die Kippa herunterschlägt, sie als Juden beschimpft, Davidsterne an Restaurantfenster sprüht, jüdische Friedhöfe schändet oder Juden gar umbringen will, dann ist die Sachlage klar. Doch was ist mit denen, die sich selbst nicht als Antisemiten sehen und sich auch nicht explizit antisemitisch äußern? Natürlich gibt es auch unbewusste, unterdrückte oder bewusst verborgene Vorurteile. In diesen Fällen ist man aber auf der Ebene des Verdachts und läuft Gefahr, Antisemitismus zu vermuten, wo dieser gar nicht vorhanden ist – oder aber diesen Vorwurf ganz bewusst zu nutzen, um Andersdenkende mundtot zu machen.

Der israelische Historiker Moshe Zimmermann und der ehemalige israelische Botschafter in Deutschland Shimon Stein haben Ende 2019 in einem Artikel im *Tagesspiegel* für mehr Differenziertheit plädiert. Der klassische Antisemitismus ist relativ leicht festzustellen. Problematisch wird es beim sogenannten «sekundären Antisemitismus», d. h. Holocaust-Leugnung oder Relativierung, oder «israelbezogenen Antisemitismus». Laut der «Mitte-Studie» der Friedrich-Ebert-Stiftung von 2019 vertreten 5,8 Prozent der Deutschen «klassische» antisemitische Auffassungen, aber bei etwa viermal so vielen, bei 24,2 Prozent, fand sich ein «israelbezogener Antisemitismus». Entspricht das wirklich der Realität? Damit will ich nicht bestreiten, dass es antisemitisch motivierte Kritik an Israel gibt. Aber, wie Stein und Zimmermann betonen, auch die Kritik an der Israelkritik kann manipulativ sein, «weil politische Hintergedanken im Spiel sind», etwa «die muslimische Präsenz in Europa zu bekämpfen» oder «Kritik an der Siedlungspolitik im Keim zu ersticken».

«Hier geht es nicht mehr um die Frage, wann ‹Israelkritik› in Antisemitismus umschlägt, sondern schlicht um die Instrumentalisierung der Angst vor Antisemitismus im Dienst des politischen Zynismus.»

Unter dem Titel «Stopp Antisemitismus» hat die *Zeit*-Stiftung Ende 2019 ein Projekt ins Leben gerufen, in dem, wie es heißt, über den alltäglichen Antisemitismus informiert und aufgeklärt wird. Wissenschaftler und politische Funktionsträger begrüßen diese Initiative, u. a. mit dem Hinweis darauf, dass antisemitische Äußerungen zunehmend auch außerhalb der rechten Szene zu finden seien und vielen Menschen der antisemitische Hintergrund mancher Aussagen gar nicht bewusst sei. Auf der Internetseite des Projekts gibt es vier Rubriken: «Antisemitismus erkennen», «Klug reagieren», «Hilfe finden» und «Haltung zeigen». Unter «Antisemitismus erkennen» sind 35 Aussagen aufgelistet, die aus dem alltäglichen Leben stammen. Diese Sammlung hat mich auf zweifache Weise erschreckt. Bei den meisten Zitaten wegen der Brutalität und abgrundtiefen Dummheit, die hinter den Aussagen stecken. Bei ein paar aber auch wegen der Zuordnung zu Antisemitismus.

Da wird zum Beispiel ein «älterer Herr bei einer Podiumsdiskussion in Hessen» mit den Worten zitiert (Zitat Nr. 18): «Der Holocaust ist eine Schande. Ich pflege die Stolpersteine bei mir im Dorf. Ich achte darauf, dass nichts in Vergessenheit gerät. Aber das, was die Israelis in Palästina machen, das geht einfach gar nicht.» Was ist daran bitte antisemitisch? Die Begründung der Initiative hängt sich am Begriff «Schande» auf, an der Wendung «die Israelis» und daran, dass der Mann den Holocaust mit der Nahostpolitik verknüpfe. Dabei will er mit dem Verweis auf den Holocaust vermutlich nur dem Verdacht vorbeugen, er sei Antisemit, weil er die israelische Politik kritisiert. Und wer wäre bei einem Publikumsbeitrag zu einer Podiumsdiskussion davor gefeit, «die Amerikaner» oder «die Russen» zu sagen? Und wer hätte bei dieser Gelegenheit einen Duden dabei, um die genauen Nuancen des Begriffes «Schande» vorab zu prüfen? Am Ende heißt es dann noch, der Mann weise einem Juden nur die Opferrolle zu und verweigere ihm das Recht, «sein Land und seine Bevölkerung zu verteidigen». Dieser Vorwurf hat dann wohl mehr mit der politischen Einstellung der Kritiker zu tun als mit dem Antisemitismus des älteren Herrn.

Oder das Zitat Nr. 35: «Israelkritik muss erlaubt sein.» Diese Aussage stammt, wie es heißt, von einem «links-politisch engagierte(n) Akademiker in Berlin». In der Begründung wird zum einen auf den Begriff «Israelkritik» abgehoben. Zwar ist richtig, dass er den gesamten Staat trifft, auch wenn nur eine bestimmte Politik gemeint ist. Aber ist diese rhetorische Verkürzung schon ein Zeichen für Antisemitismus? Zum anderen wird kritisiert, dass der Sprecher extra betont, «Israelkritik» müsse erlaubt sein. Damit unterstelle er, ihm solle das verboten werden, und mache sich dadurch selbst zum Opfer. Dies sei aber nicht der Fall: «Das Kritiktabu ist ein Phantasma im Kopf des Antisemiten.» Soll damit etwa gesagt werden, es gäbe bei diesem Thema eine vollkommen offene Diskussion und diejenigen, die das bestreiten bzw. ausdrücklich auf dem Kritikrecht gegenüber Israel bestehen, täten das auf der Basis einer antisemitischen Haltung? Jeder weiß – eigentlich –, dass Kritik an der israelischen Regierung und ihrer Politik nicht grundsätzlich mit Antisemitismus gleichzusetzen ist, dennoch gerät man fast schon automatisch genau in diesen Verdacht, wenn man solche Kritik übt. Das weiß auch jeder. Eine freie und unbefangene Debatte sieht anders aus. Wenn die schlichte Aussage «Israelkritik muss erlaubt sein» es in eine Sammlung antisemitischer Zitate schafft, wer soll sich dann noch trauen, israelische Politik mit genau den Maßstäben zu bewerten, die für andere Länder ganz selbstverständlich gelten?

Natürlich kann jeder hierzulande Kritik an israelischer Politik üben, ohne rechtliche Konsequenzen fürchten zu müssen. Aber wer es darauf reduziert, macht es sich viel zu einfach. Bremens Innensenator Ulrich Mäurer (SPD) sagte Ende September 2018 vor der Bremer Bürgerschaft im Rahmen einer Debatte zur Sicherheitslage und zu Demonstrationen in Zusammenhang mit ausländischen Konflikten, er würde auch demonstrieren, «wenn ich sehe, dass die israelische Armee am Grenzzaun [zum Gazastreifen] Dutzende von Palästinensern einfach hinrichtet». Man kann darüber diskutieren, ob der Begriff «hinrichten» für die Erschießung palästinensischer Demonstranten eine glückliche Wortwahl war. Allerdings kam eine UN-Untersuchungskommission 2019 zu dem Ergebnis, dass es sich bei dem Vorgehen des israelischen Militärs am Grenzzaun zum Gazastreifen, auf das sich Mäurer bezog, möglicherweise um Kriegsverbrechen und Verbrechen gegen die Menschlichkeit gehandelt habe. Die Kommission stellte fest, dass die meisten der palästinensischen Demonstranten unbewaffnet waren und sich unter den 183 Todesopfern 35 Kinder befanden. Zudem habe das israelische Militär gezielt auf Journalisten geschossen. Die Kommission empfahl, die Angelegenheit an nationale und internationale Gerichte, darunter den Internationalen Strafgerichtshof, weiterzugeben. Der Bremer Innensenator jedoch wurde nach seiner Aussage des Antisemitismus beschuldigt. Die Bremer Landesvorsitzende der Grünen warf ihm auf Twitter gar «antisemitische Lügenverbreitung» vor.

Immer wieder geraten Veranstalter unter Druck, die kritischen Stimmen eine Bühne geben wollen, darunter auch Kritiker der Politik Benjamin Netanjahus wie Moshe Zimmermann. Im Frühjahr 2017 sagte die Evangelische Akademie Tutzing kurzfristig eine Tagung ab, auf der unter anderem mit ihm über Menschenrechte in Israel und Palästina diskutiert werden sollte. Und in Frankfurt konnte wenig später eine Konferenz zum

50. Jahrestag der Besetzung der Palästinensergebiete nur stattfinden, weil ein Gericht die Kündigung des Mietvertrages für die Veranstaltungsräume für unwirksam erklärt hatte. Bürgermeister Uwe Becker (CDU) hatte den Besitzer der Räumlichkeiten aufgefordert, die Vermietung zu überdenken, weil sich Antisemiten versammeln wollten. Moshe Zimmermann, ein Nachfahre von Holocaust-Überlebenden, der auf der Konferenz sprechen sollte, verwahrte sich dagegen, zum Antisemiten gestempelt zu werden. «Die Furcht, als Antisemit bezeichnet zu werden, schadet der Meinungsfreiheit», resümierte Patrick Bahners unter der Überschrift «Die Angst vor dem A-Wort» in der FAZ.

Als Mitglied des PEN-Zentrums Deutschland bin ich der Präsidentin Regula Venske sehr dankbar für ihre deutlichen Worte im Januar 2020 zu Antisemitismus und Meinungsfreiheit. «Der deutsche PEN ist entsetzt über die Sprache der Verrohung, die seit einigen Jahren vom rechten Rand in die Mitte der Gesellschaft vordringt», heißt es da, und es wird auf die fast 200 Opfer rechtsextremer Mörder hingewiesen, die seit den neunziger Jahren in Deutschland zu beklagen sind. Es folgt ein – wie ich finde – im öffentlichen Diskurs vernachlässigter Gedanke: «Wer mit paternalistischem Gestus die jüdischen Mitbürger unserer besonderen Solidarität versichert, sollte sich fragen, warum er nicht einfach von Bürgern und Bürgerinnen spricht. Und wer Kritik am israelischen Regierungshandeln reflexhaft als Antisemitismus verteufelt, sollte sich fragen, warum er an Israel andere Maßstäbe anlegt als an jeden anderen Staat der Erde.»

Die Reflexe funktionieren in beide Richtungen, wie die Beispiele des PEN zeigen. Die israelische Schriftstellerin Lizzie Doron, die sich für eine Versöhnung zwischen Israelis und Palästinensern einsetzt, hatte im August 2019 eine Veranstaltung in Berlin. Diese musste abgebrochen werden, da etwa sechzig Vertreter der BDS-Bewegung, die zum Boykott Israels aufruft, ihren Vortrag unterbrachen mit Rufen wie «Deine Hände sind voller Blut». Und der Historiker und Publizist Reiner Bernstein, der seit vielen Jahren ein Verfechter der Zwei-Staaten-Lösung ist, wurde vom Leiter der Abteilung für auswärtige Angelegenheiten des israelischen Ministeriums für Nachrichtendienste, Arye Sharuz Shalicar, in seinem Buch *Der neu-deutsche Antisemit* als «selbsthassender Jude» bezeichnet, der tote Juden in Deutschland liebe, aber mit lebenden Juden in Israel ein Problem habe. Shalicars Lesereise durch Deutschland wurde vom Beauftragten der Bundesregierung für den Kampf gegen Antisemitismus, Felix Klein, gefördert. Eine Klage Bernsteins gegen Autor und Verlag wegen Rufmords und Verleumdung wurde vom Landgericht Berlin abgewiesen. Das «Aktionsforum Israel» hat Bernstein und seiner Frau Judith gar vorgeworfen, sie propagierten «Terror gegen Juden». Mehr als sechzig Akademiker und Intellektuelle haben sich in einem offenen Brief an Bundeskanzlerin Angela Merkel im Juli 2020 gegen die Diffamierung Bernsteins gewandt. In dem Schreiben heißt es: «Unsere Sorge gilt der drohenden Annexion palästinensischer Gebiete durch Israel sowie dem inflationären, sachlich unbegründeten und gesetzlich unfundierten Gebrauch des Antisemitismus-Begriffs, der auf die Unterdrückung legitimer Kritik an der israelischen Regierungspolitik zielt. Unsere Sorge ist besonders groß da, wo diese Tendenz mit politischer und finanzieller Unterstützung des Antisemitismusbeauftragten gefördert wird.» Und weiter: «Mit der Förderung zweifelhafter Publikationen, deren aggressiv-populistische Machart nicht faktengestützt ist, wird jedenfalls geduldet, dass Stimmen des Friedens und des Dialogs diffamiert und mundtot gemacht werden sollen. Frieden kann nur durch gegenseitigen Respekt erreicht werden. Wo kritischer Dialog notwendiger denn je ist, schafft die missbräuchliche Verwendung des Antisemitismusvorwurfs zunehmend auch in Deutschland eine Stimmung der Brandmarkung, Einschüchterung und Angst.» Zu den Unterzeichnern des Briefes zählen der

Politologe Johano Strasser, der Historiker Moshe Zimmermann, der Autor Sten Nadolny, der ehemalige Verleger Michael Krüger und die beiden Träger des Friedenspreises des Deutschen Buchhandels von 2018, der Ägyptologe Jan Assmann und seine Frau Aleida Assmann.

Im Statement der PEN-Präsidentin heißt es: «Kritik an der israelischen Regierung und ihrer Politik ist nicht mit Antisemitismus gleichzusetzen. Eine solche Sichtweise verweigert anderen, z. B. kritischen zivilgesellschaftlichen Akteuren, die Solidarität. (…) Meinungsfreiheit und Völkerverständigung widersprechen einander nicht, sondern gehören zusammen. Ihre Dialektik auszuhalten und von Fall zu Fall immer wieder neu auszuloten, erfordert Sorgfalt beim Hinhören und Mäßigung beim Sprechen. Freiheit, auch Meinungsfreiheit ist ohne Verantwortung nicht zu haben.» – Dem ist nichts hinzuzufügen.

Das Kind mit dem Bade ausschütten

Zu den Methoden, Andersdenkende aus dem öffentlichen Diskurs fernzuhalten, gehört auch der Vorwurf des Rassismus. Rassismus war Bestandteil von Kolonialismus und Sklaverei. Er war ein entscheidender Baustein nationalsozialistischer Ideologie. Rassismus war die Basis für das Quälen und die Ermordung von Millionen Menschen. Rassismus ist heute der Antrieb für Gewalt gegen ausländisch aussehende Bürger, Grundlage für Todeslisten und obskure politische Programme. Rassistisch denkende Menschen sind gefährlich, und eine Gesellschaft tut gut daran, solche Personen von Machtpositionen fernzuhalten und ihr menschenverachtendes Denken zu entlarven. Und gerade deshalb ist es so wichtig, mit dem Vorwurf des Rassismus nicht gedankenlos oder auch in politischer Absicht um sich zu werfen.

Das Thema Flüchtlinge und Asylbewerber ist ein eindringliches Beispiel. Nahezu jeder im Land weiß, was gemeint ist, wenn von der «Kölner Silvesternacht» gesprochen wird. An Silvester 2015 spielten sich in Köln zwischen Hauptbahnhof und Dom massenhaft verstörende Szenen ab. Es kam zu zahlreichen sexuellen Übergriffen auf Frauen, in vielen Fällen verbunden mit Eigentums- und Körperverletzungsdelikten, durch Gruppen von Männern, die überwiegend aus dem nordafrikanischen und arabischen Raum stammten. Die Bilanz dieser Nacht: ca. 1200 Strafanzeigen, davon etwa die Hälfte wegen Sexualdelikten. 333 Beschuldigte konnten ermittelt werden, aber die meisten Verfahren wurden eingestellt, weil die Personen entweder nicht auffindbar waren oder aber man ihnen die Tat nicht nachweisen konnte. 35 landeten wegen Diebstahls vor Gericht, zwei wurden wegen Sexualdelikten zu Bewährungsstrafen verurteilt. Einer musste eine Haftstrafe verbüßen wegen sexueller Beleidigung und schweren Diebstahls. Wegen Vergewaltigung – es wurden acht angezeigt – kam es zu keiner Verurteilung. In unserem Land gilt die Unschuldsvermutung. Eine zivilisatorische Errungenschaft, trotz der nahezu unerträglichen Folgen für die Geschädigten im Einzelfall. 800 Verfahren wurden gegen unbekannt eingeleitet, von denen die allermeisten inzwischen eingestellt sind.

Nachdem zunächst in den Medien auf der Grundlage von Polizeiberichten und offiziellen Verlautbarungen der Stadt Köln im Großen und Ganzen von «friedlichen Feiern» gesprochen worden war, zeigte sich nach und nach das Ausmaß der Gewalt. Und noch etwas wurde deutlich: der verkrampfte Umgang mit Fakten. Laut interner Polizeiberichte war bereits in der Silvesternacht klar, dass es sich sowohl um nordafrikanische «Antänzer-Trickdiebe» handelte als auch um Männer aus Syrien, dem Irak und Afghanistan, die erst kürzlich nach Deutschland gekommen waren. Aber diese Informationen fanden nur mit Verspätung ihren Weg in die Öffentlichkeit. Nach Recherchen des *Kölner Stadt-Anzeigers* richtete sich die Polizei nach einem Runderlass des nordrhein-westfälischen Innenministeriums von 2008, der für alle Polizeidienststellen bindend ist. Überschrieben mit «Leitlinien für die Polizei des Landes NRW zum Schutz nationaler Minderheiten vor Diskriminierung» wird die Polizei in diesem Papier angewiesen, «im internen wie externen Gebrauch jede Begrifflichkeit zu vermeiden, die von Dritten zur Abwertung von Menschen missbraucht beziehungsweise umfunktioniert oder in deren Sinne interpretiert werden kann, außer wenn im Einzelfall ein überwiegendes Informationsinteresse oder ein Fahndungsinteresse besteht».

Das mag gut gemeint sein, kann aber nach hinten losgehen, wenn sich Bürger dadurch bevormundet fühlen und was noch schlimmer ist, das Vertrauen verlieren. Wer weiß, was die uns sonst noch so alles vorenthalten …? Als nach und nach Zahlen und Fakten bekannt wurden, konnten die einen gar nicht laut genug gegen Flüchtlinge insgesamt wettern, und die anderen bezeichneten selbst diejenigen als Kulturrassisten, die über einen kulturellen Hintergrund der Übergriffe in der Silvesternacht nachdachten. Schnell stand die gesamte Debatte unter Rassismusverdacht. Auch das Thema Clan-Kriminalität ist davor nicht gefeit. So haben Berliner Vertreter der Partei «Die Linke» schon diejenigen des Rassismus verdächtigt, die lediglich auf das Problem aufmerksam gemacht haben.

Im Sommer 2019 trat das sogenannte «Geordnete-Rückkehr-Gesetz» in Kraft, mit dem es leichter möglich sein sollte, abgelehnte Asylbewerber in ihre Heimatländer zu befördern. Das scheiterte zuvor häufig daran, dass die betreffenden Personen keine Pässe hatten. Deshalb sieht das Gesetz ausdrücklich eine Mitwirkungspflicht der Asylbewerber vor, diese Papiere zu beschaffen. Als Partner in der großen Koalition hat auch die SPD diesem Gesetz zugestimmt und sich dadurch Ärger mit ihrem linken Flügel und vor allem mit der SPD-Jugendorganisation eingehandelt. Das gehört zum politischen Geschäft und ist nichts Ungewöhnliches. Und natürlich lassen sich sowohl Fälle auflisten, in denen Asylbewerber ihre Papiere verloren haben oder sie ihnen entwendet wurden, als auch solche, in denen Pässe absichtsvoll weggeworfen wurden, um das wahre Herkunftsland zu verschleiern und so einer drohenden Abschiebung zu entgehen. Die Bandbreite ist groß, und die Gratwanderung, wie damit umzugehen ist, schwierig. Denn auch Jusos werden nicht bestreiten wollen, dass ein Staat das Recht und die Pflicht hat, seine Grenzen zu schützen – oder etwa doch? –, die öffentliche Ordnung aufrechtzuerhalten und gleichzeitig in Einklang mit geltender Asylgesetzgebung nach humanitären Grundsätzen zu handeln. Theoretisch kein so großes Problem, praktisch schon. Es gibt eine ganze Reihe zu Unrecht abgeschobener Flüchtlinge, von denen einige nur durch das kämpferische Engagement ihrer hiesigen Nachbarn und Freunde wieder zurückgeholt werden konnten – was für ein Drama für alle Beteiligten; und es gibt die Mehrfachstraftäter, denen mit rechtsstaatlichen Mitteln nicht beizukommen ist und die es immer wieder schaffen, sich einer Abschiebung zu entziehen. Jedenfalls gab es bei den Jusos auf ihrem Bundeskongress im November 2019 in Schwerin einen Beschluss unter dem Titel «Geordnete-Rückkehr-Gesetz? Nicht mit uns! – kein Rechtsruck in der SPD-Bundestagsfraktion». Darin werden die Bundestagsabgeordneten der SPD aufgefordert, sich von dem von ihnen mit beschlossenen Gesetz zu distanzieren, da es den Grundwerten der SPD widerspreche und in Teilen sogar möglicherweise gegen die Verfassung verstoße. Das Gesetz sei «mit der Menschenwürde nicht vereinbar», es sei ein «Hau-ab-Gesetz», eine «Hetze durch Gesetze», so ein Delegierter. Unterschwellig klingt der Vorwurf des Rassismus mit. So hat denn auch der SPD-Fraktionschef Rolf Mützenich, der eher für Zurückhaltung bei innerparteilichen Querelen bekannt ist, die Jusos offen kritisiert. Es könne nicht sein, so Mützenich, dass die Jusos der Bundestagsfraktion indirekt Rassismus unterstellen.

Ich wurde neulich Zeuge eines Gesprächs über Karnevalskostüme und lauschte mit Verwunderung einer jungen Mutter, die es für rassistisch hielt, wenn Kinder sich als Indianer verkleiden. Es dauerte nicht lange und der Gruppendruck, der auf vielfältige Weise sein Unwesen treibt, sorgte dafür, dass man sich schnell einig war: Indianerkostüm oder gar die Verkleidung als «Mohr» – das geht gar nicht. Ich habe mich gefragt, ob eine oder einer von denen, die eine derartige Kostümierung als rassistisch ablehnen, jemals einen leibhaftigen Indianer oder Schwarzen getroffen hat, der sich dadurch verletzt oder verunglimpft fühlte. Wer bestimmt, was rassistische, antisemitische oder sexistische Positionen sind? Darf etwa ein dunkelbrauner Schokokeks, der seit geraumer Zeit «Afrika» heißt, weil die verwendeten Kakaobohnen von dorther stammen, seinen Namen behalten? Oder ist das rassistisch? Darüber wurde im März 2020 allen Ernstes diskutiert, und der betroffene Konzern versprach reumütig, den Keks umzubenennen. Wie war das noch mit: «Mer kann och alles övverdrieve»? Dass ein Schokoladenhersteller darauf verzichtet, weiterhin mit dem Sarotti-Mohr Reklame zu machen – gut, aber Kindern mit Hinweis auf Rassismus den Spaß verderben, in andere Rollen zu schlüpfen? Als Scheich darf man sich dann auch nicht mehr verkleiden, oder ist das nicht so schlimm, weil der vermutlich ein Moslem ist? Was ist eigentlich mit dem Schwarzen bei den Heiligen Drei Königen?

Halt, stopp! In der ZDF-Sendung «Volle Kanne» am 10. Juni 2020 habe ich gelernt, dass man «Schwarzer» eigentlich auch nicht sagen darf. Aber von Anfang an. Es ging wie so oft in diesen Tagen um das Thema Rassismus, ausgelöst durch den Tod des US-Amerikaners George Floyd, der durch einen brutalen Polizeieinsatz ums Leben gekommen war, nachdem einer der vier beteiligten Beamten über acht Minuten auf dem Nacken des mit Handschellen Gefesselten gekniet hatte. In einer Straßenumfrage begab man sich auf die Suche nach dem alltäglichen Rassismus in Deutschland und eine unkenntlich gemachte Frau erzählte, dass sie auch schon mal das Wort «Neger» benutze, sich aber nichts Böses dabei denke und es ganz sicher nicht rassistisch meine. Im folgenden Studiogespräch war dann mehrfach lediglich vom «N-Wort» die Rede (ob diejenigen, die später eingeschaltet hatten, überhaupt wussten, worum es ging?). Schließlich fragte der Moderator seine dunkelhäutige Gesprächspartnerin, was denn nun der richtige nichtrassistische Begriff sei. Die Antwort: «Ich versuche das immer zu umschreiben. Ich selbst würde mich als braun bezeichnen, aber der Begriff ‹braun› ist besetzt. Schwarz ist aber auch keine Alternative, denn Schwarz steht für das Böse. Und Farbiger geht gar nicht», so an den Moderator gewandt, «dann wärst Du ja farblos.» – Und nun? Wer im Fußballstadion Affenlaute von sich gibt, sobald ein – na Sie wissen schon – auf dem Platz agiert, ist ohne Wenn und Aber ein Rassist. Doch die Bezeichnung «Schwarzer» oder «Farbiger» in eine latent rassistische Ecke zu stellen, wenn selbst eine Angehörige dieser Bevölkerungsgruppe nicht weiß, wie man sich politisch korrekt ausdrücken soll? Einige favorisieren den Begriff «People of Color (PoC)», aber was ist das anderes als «farbig» auf Englisch? Und es scheut sich auch keiner zu sagen «Black Lives Matter». Verschwindet der Rassismus, wenn man sich des Englischen bedient?

Ich fürchte, wir sind dabei, das Kind mit dem Bade auszuschütten. Der von mir geschätzte Kollege Frank Nägele hat am 9. Juni 2020 im *Kölner Stadt-Anzeiger* seine sehr persönliche Sicht der Dinge unter der Überschrift «Der kleine Rassist in mir» dargelegt. Er habe als etwa 16-Jähriger, so erzählt er, in einer Straßenbahn zum ersten Mal einen Inder gesehen, den er dann unverwandt angestarrt habe, weil er so jemandem noch nie begegnet war. «Zum ersten Mal in meinem Leben spürte ich physisch, geradezu schmerzhaft, den Rassismus in mir. (…) Noch während das geschah, war mir klar, dass ich mich wie ein Arsch benahm, und ich schwor mir, dass dies nie mehr geschehen dürfe.» Ist das der Rassismus, den es zu bekämpfen gilt? Ein solches Verhalten, schon gar als Heranwachsender, darf einem peinlich sein, weil man Menschen ganz gleich aus welchem Grund nicht anstarren sollte. Man möchte selbst in aller Regel ja auch nicht angestarrt werden, aber Rassismus?

Im Juni 2020 zog die BBC die Folge *The Germans* der Serie *Fawlty Towers* wegen Rassismus aus dem Verkehr, in der John Cleese von Monty Python einen britischen Hotelbesitzer spielt. Die Folge ist Kult, weil deutsche Gäste ins Hotel kommen und Cleese seine Angestellten einschwört: «Don't mention the War!» (Erwähnen Sie den Krieg nicht!) Doch er selbst hält sich nicht daran, ergeht sich in klassischen Stereotypen über Deutsche und läuft am Ende im Stechschritt durch den Speisesaal. Allerdings war nicht dies der Grund für die Sperre, sondern ein paar randständige, rassistische Aussagen einer anderen Figur über das neuseeländische Cricket-Team. In der ganzen Folge geht es erkennbar darum, Vorurteile zu karikieren und sie damit humoristisch vorzuführen. Sie ist also nicht rassistisch, sondern spielt mit rassistischen Vorurteilen. Wo kommen wir hin, wenn so etwas zensiert werden soll?

Der Theologe und Philosoph Richard Schröder hat es einmal so formuliert: «Unter Rassismus sollten wir Überzeugungen und Ideologien verstehen, die pauschalisierende und definitiv gemeinte Unwerturteile über fragwürdig konstruierte Menschengruppen aufgrund von deren Eigenschaften behaupten.» In diesem Artikel erwähnt Richard Schröder, dass auch er schon als Rassist «entlarvt» worden sei, weil er gesagt hat: «Es können nicht alle zu uns kommen, die zu uns kommen wollen.» Dieser Satz enthält natürlich eine Ausgrenzung, aber reicht das wirklich als Kriterium für Rassismus?

Die der Untertreibung unverdächtige «Mitte-Studie» der Friedrich-Ebert-Stiftung von 2019 kam zu dem Schluss, dass 7,2 Prozent der Bevölkerung rassistische Auffassungen vertreten. 2002 waren es noch 12,2 Prozent. Das ist immerhin ein Rückgang um 40 Prozent. Und im Umkehrschluss heißt es, dass 92,8 Prozent der deutschen Bevölkerung keine rassistischen Auffassungen vertreten. Damit will ich keinesfalls infrage stellen, dass Rassismus weltweit ein gravierendes Problem ist. Die USA haben eine lange rassistische Geschichte, die noch immer fortwirkt und viel Leid verursacht. Dort ist rassistische Polizeigewalt ein alltägliches Phänomen. Auch in Deutschland gibt es Rassismus im Alltag, und es gibt unbewusste, aber dennoch wirksame Vorurteile, die man von bewusst geäußertem Rassismus unterscheiden muss. Doch mir geht es darum, die Dinge differenziert zu behandeln, um die tatsächlichen Probleme zielgenau anzugehen und nicht einer «überdramatisierten Weltsicht» zum Opfer zu fallen.

Es sind in der letzten Zeit einige rechtsextreme Zellen in der Polizei und auch beim Kommando Spezialkräfte der Bundeswehr enttarnt worden. Das ist besorgniserregend und hält zur Wachsamkeit an. Aber wem hilft es, der gesamten Polizei «latenten Rassismus» zu unterstellen? Das beleidigt und demotiviert die übergroße Mehrheit der Polizeibeamten, von denen inzwischen viele selbst einen Migrationshintergrund haben. In der *taz* verstieg sich eine Kolumnistin in einem angeblich satirisch gemeinten Beitrag, der über die Abschaffung der Polizei fantasierte, sogar dazu, den Polizisten alternativ eine Beschäftigung auf der Müllkippe zu empfehlen, wo sie «unter ihresgleichen» seien. Wie kann jemand Menschen mit Abfall in Verbindung bringen, der sich doch vorgeblich gegen Diskriminierung engagiert? Und wie kann jemand, der sich vehement gegen gruppenbezogene Vorurteile wehrt, selber einen derart vorurteilsbeladenen Text schreiben? Wie war das noch mit dem Balken im eigenen Auge und dem Messen mit zweierlei Maß?

In der Diskussion um den Rassismus in Deutschland vermisse ich nicht selten die Abgewogenheit. Meist fällt völlig unter den Tisch, was auch gut läuft. Und damit werden die Zustände bei uns und auch unser System tendenziell delegitimiert. Und noch etwas fällt mir auf: Viel zu oft ist die Debatte dadurch geprägt, dass man sich über andere und ihren angeblichen oder tatsächlichen Rassismus erregt. Das kommt sicher grundlegenden menschlichen Bedürfnissen entgegen. Aber wäre es nicht viel hilfreicher und überzeugender, wenn man stattdessen mehr über positive Visionen sprechen würde und Beispiele zeigte, wo das Zusammenleben und der Umgang miteinander gut funktionieren? Wäre das nicht ein Ansporn, die Dinge in der Breite zu verbessern?

Wer bestimmt, wer ein Nazi ist?

Anfang 2018 polarisierte die Essener Tafel, weil sie aufgrund des großen Andrangs einen vorübergehenden Aufnahmestopp für Ausländer verhängte, auch um älteren Bürgern und alleinerziehenden Müttern den Zugang zu sichern, wie es zur Begründung hieß. Über das Vorgehen wurde kontrovers diskutiert und das ist aus meiner Sicht völlig in Ordnung. Doch für einige scheint der Fall sofort klar gewesen zu sein. Denn unmittelbar nach Verkündung dieser Maßnahme wurden Graffitis auf die Türen der Einrichtung und dort parkende Autos gesprüht: «Nazis» und «Fuck Nazis».

Die Herrschaft der Nationalsozialisten war die größte Katastrophe der deutschen Geschichte. Sie brachte unermessliches Leid über Deutschland, Europa und die Welt. Wer meint, Positives am Dritten Reich, an Adolf Hitler oder der NS-Ideologie finden zu können, der steht außerhalb unserer freiheitlich-demokratischen Grundordnung und des Grundgesetzes. Nicht umsonst verbieten unsere Strafgesetze das Zeigen von Nazi-Symbolen. Nazis sollten keinen Zugang zu unseren pluralistischen Debatten haben, denn ihr Ziel ist es, genau diese Pluralität abzuschaffen. Nazis auszugrenzen ist gewissermaßen der Grundkonsens unserer Demokratie. Doch wer bestimmt, wer ein Nazi ist?

Ich habe kein Verständnis dafür, wenn der österreichische Bundeskanzler Sebastian Kurz als «Baby Hitler» bezeichnet wird, nur weil er Anfang 2020 dazu aufgefordert hat, die private Seenotrettung nicht zu unterstützen, da man dadurch den Schleppern in die Hände spiele und so mitverantwortlich sei, wenn Menschen sterben. Darüber kann man streiten und unterschiedlicher Meinung sein, aber nicht auf diesem Niveau.

Man kann auch über Bernd Lucke, einen der Gründer der AfD, unterschiedlicher Meinung sein, aber ihn in seiner Rolle als Professor für Makroökonomie an der Universität Hamburg mit Nazi-Schwein-Sprechchören am Reden zu hindern, ihn anzurempeln und mit Papierkugeln zu beschießen, hat mit ernsthafter Auseinandersetzung um das «Nazi-Thema» nichts mehr zu tun. Bernd Lucke war einer von 172 Wirtschaftsprofessoren, die sich im Juli 2012 in einem «Offenen Brief der Ökonomen» zur Eurokrise äußerten. Er hat die Einführung des Euro als «historischen Fehler» bezeichnet und sich gegen die Fortführung des Euro-Rettungsschirms gewandt. Er gehörte auch zu den 136 deutschen Wirtschaftsprofessoren – darunter u. a. Wissenschaftler wie Juergen B. Donges, Hans-Werner Sinn und Roland Vaubel –, die im September 2013 in einem Aufruf kurz vor der Bundestagswahl der Europäischen Zentralbank «rechtswidrige monetäre Staatsfinanzierung» vorwarfen. Und wie das Urteil des Bundesverfassungsgerichts von Mai 2020 zeigt, lag er damit ja gar nicht so falsch. Die obersten Verfassungsrichter haben bestätigt, dass das Gebaren der EZB vom europäischen Regelwerk nicht gedeckt ist und in Teilen der deutschen Verfassung widerspricht.

Um seine Ziele – in erster Linie bezogen auf den Euro und die Geldpolitik – besser durchsetzen zu können, gründete Bernd Lucke 2013 zusammen mit Alexander Gauland, Konrad Adam und Gerd Robanus die AfD. Der fünffache Vater, der zweimal Erziehungsurlaub genommen hat, kann eine erfolgreiche wissenschaftliche Karriere vorweisen und ist immer wieder durch politisches bzw. gesellschaftliches Engagement aufgefallen. Von 2014 bis 2019 war er Mitglied des Europäischen Parlaments und wurde dort in verschiedene Leitungsfunktionen gewählt. Im März 2015 initiierte Björn Höcke, der thüringische AfD-Vorsitzende, eine Revolution gegen Bernd Lucke, der daraufhin als Bundesvorsitzender der AfD abgewählt wurde und im Juli 2015 aus der Partei ausgetreten ist. Er wolle nicht als bürgerliches Aushängeschild für politische Vorstellungen missbraucht werden, die er aus tiefer Überzeugung ablehne, so seine Begründung. Dazu gehörten islamfeindliche und ausländerfeindliche Ansichten sowie eine antiwestliche, prorussische Außenpolitik. 2019 sprach sich Lucke für die Beobachtung der AfD durch den Verfassungsschutz aus, nachdem dieser die Partei zum «Prüffall» erklärt hatte. Bernd Lucke – ein Nazi? Wie absurd ist das denn?

Von berechtigten Fragen und falschen Antworten

Die AfD von 2013, dem Gründungsjahr, ist mit der AfD von heute nicht mehr zu vergleichen. Als wirtschaftsliberale EU-skeptische Partei hatte sie begonnen. Im Laufe der Zeit hat sie sich, flankiert von diversen Austritten ehemaliger Führungspersönlichkeiten, zu einer rechtsorientierten nationalkonservativen

Partei entwickelt, in der sich ein starker «Flügel» herausgebildet hat, der nationalistische, autoritäre und geschichtsrevisionistische Positionen vertritt. Im März 2020 erklärte das Bundesamt für Verfassungsschutz den «Flügel» zu einer «gesichert rechtsextremistischen Bestrebung gegen die freiheitliche demokratische Grundordnung». Als «Verdachtsfall» gelten die AfD-Landesverbände in Brandenburg und Thüringen. Im Januar 2019 hatte das Bundesamt für Verfassungsschutz sogar die gesamte Partei als «Prüffall» bezeichnet. Gegen diese Bekanntmachung klagte die AfD erfolgreich vor dem Verwaltungsgericht Köln. Allerdings untersagte dieses dem Bundesamt nur die öffentliche Bezeichnung als «Prüffall», nicht die interne Einstufung und die damit verbundenen Maßnahmen. Erst die Einstufung als «Verdachtsfall» dürfe öffentlich kommuniziert werden, um den politischen Wettbewerb nicht zu beeinträchtigen. Fakt ist aber auch, dass die AfD in sämtlichen Landesparlamenten vertreten ist und im Bundestag die stärkste Opposition stellt, also nach CDU/CSU und SPD die dritte Kraft ist. Wie also geht man mit dieser Partei und ihren einzelnen Mitgliedern um?

Mitte April 2020 war mir im *Kölner Stadt-Anzeiger* ein Artikel aufgefallen, «Absage an Diskussionen mit AfD». Im Untertitel hieß es: «OB-Kandidaten und Ratsmitglieder wollen Rechtspopulisten kein Podium bieten». Im Kern ging es um die im September 2020 stattfindende Kommunalwahl und darum, dass die Kölner Oberbürgermeisterin Henriette Reker im Wahlkampf «an keiner Podiumsdiskussion teilnehmen [werde], zu der auch ein Vertreter der AfD geladen ist». Dazu hatte es einen Beschluss des Hauptausschusses gegeben – eine Art kleiner Stadtrat, in dem nur SPD, Grüne, CDU und FDP stimmberechtigt sind, wobei im Stadtrat selbst auch die Linke und die AfD vertreten sind –, der eine bereits seit 2014 bestehende Leitlinie bekräftigt und diese noch um einen weiteren Aspekt ergänzt hat: «Grundsätzlich nehmen die Mitglieder der antragstellenden Fraktionen, Gruppen und Einzelmandatsträger an keinen Podiumsdiskussionen mit rechtsextremen und rechtspopulistischen Gruppen teil», wobei die Grünen-Fraktionschefin Brigitta von Bülow klarstellte, dass sich dieser Beschluss ausdrücklich auch auf die AfD beziehe. Mir fiel der Evangelische Kirchentag ein, der 2019 keine AfD-Vertreter bei seinen Podiumsveranstaltungen und Diskussionsrunden dabeihaben wollte, und gleichzeitig AfD-Anhänger einlud, als Publikum am Kirchentag teilzunehmen. Während ich damals noch darüber nachdachte – ist das eher richtig oder eher falsch? Ist es klug, die AfD auf diese Weise in eine Opferrolle zu bringen? Ist es demokratisch, eine nicht verbotene, demokratisch gewählte Partei aus dem öffentlichen Diskurs zu verbannen? –, hörte ich die Begründung des Journalisten und Kirchentagspräsidenten Hans Leyendecker im Fernsehen, der eine rote Linie ziehen und mit «Rassisten und Hetzern» keinen Diskurs führen wollte. «Wir laden jemanden ein, weil er viel zu sagen hat», so Leyendecker, «Herr Gauland, Frau Weidel, Herr Höcke oder so, die haben mir nichts zu sagen.» Unabhängig von der Einschätzung der genannten drei AfD-Vertreter, die man meines Erachtens nicht in einen Topf werfen kann, irritierte mich das «mir» in dieser Aussage doch sehr. Offenbar war man sich im 32-köpfigen Kirchentagspräsidium in der Sache zwar einig, aber so klang es nach persönlicher Befindlichkeit des Kirchentagspräsidenten, versehen mit einer gehörigen Portion Hybris. Ob so etwas hilfreich ist?

Um es vorwegzunehmen. Ich tue mich sehr schwer, was den Umgang mit der AfD bzw. ihren einzelnen Mitgliedern betrifft. Ich kann sehr gut verstehen, wenn man sich nicht auf ein Podium begeben möchte, auf dem keine sachliche Auseinandersetzung zu erwarten ist. Als Gast bei politischen Talkshows konnte ich schon selbst die Erfahrung machen, wie unersprießlich und anstrengend das ist, wobei ich der Fairness halber ergänzen möchte, dass sich derartiges Verhalten durchaus nicht nur auf Mitglieder der AfD beschränkt. Mit Letzteren hatte ich persönlich es auf entsprechenden Veranstaltungen noch nie zu tun. Es bleibt die Frage: Ist es einem politischen System wie dem unseren angemessen, ganze Gruppen auszuschließen? Ist es feige, so pauschal zu kneifen? Wäre es mutiger, sich der Auseinandersetzung zu stellen? Offensichtlich ist, dass sich die AfD vieler Themen angenommen hat, die Menschen beschäftigen, zum Teil ängstigen, mit denen sie aber bei den Parteien der Mitte nicht landen konnten. Vielleicht weil dort nicht richtig zugehört wurde und man zum Beispiel aus Fremdenangst automatisch Fremdenfeindlichkeit oder gar Hass heraushörte? Man kann der AfD nicht die richtigen Fragen vorwerfen, wohl aber falsche Antworten. Und genau das könnte sich doch im Diskurs überzeugend zeigen, statt einfach wegzulaufen und sich zu verweigern. Ich würde schon so weit gehen zu sagen, dass es mit einzelnen Figuren aufgrund ihrer konkreten Aussagen keinen Sinn hat, sich auf eine Debatte einzulassen, aber eine bundesweit agierende Partei, die auf kommunaler Ebene mitgestaltet, grundsätzlich mit all ihren Mitgliedern aus dem öffentlichen Diskurs verbannen zu wollen – kann das sinnvoll und vernünftig sein? Was wird damit erreicht? Sieht Überzeugungsarbeit nicht anders aus?

Wie so oft im Leben gibt es auch hier keine Gebrauchsanweisung, die man nur Punkt für Punkt zu befolgen braucht und schon ist man immer auf der sicheren Seite. Das funktioniert nicht. Es kommt auf den Einzelfall an, der sorgfältig abgewogen werden will. Wer sich grundsätzlich der Debatte mit AfD-Leuten verweigert, befördert, ob er will oder nicht, das Opfernarrativ der Partei. Und muss man sich nicht, auch wenn's unbequem ist, gerade im Wahlkampf mit Argumenten der Auseinandersetzung stellen, so wie das unsere demokratischen Verfahren vorsehen? Ist es nicht ein Zeichen von Schwäche, das nicht zu tun? Aber es bleibt ein moralisches Dilemma, aus dem es keinen einfachen Ausweg gibt.

Wobei uns dieses Dilemma nicht erst die AfD beschert hat. Als der inzwischen verstorbene österreichische Politiker Jörg Haider, der mit scharf rechten Positionen Stimmen sammelte, bei den Nationalratswahlen 1999 mit seiner Partei, der FPÖ, einen klaren Sieg verbuchen konnte, kam die Redaktion der damaligen Talkshow «Sabine Christiansen» auf die naheliegende Idee, ihn in die Sendung einzuladen und mit Hilfe weiterer Talkgäste seine politischen Positionen abzuklopfen, vermutlich in der Hoffnung, den strahlenden Helden etwas zu entzaubern. Michel Friedman, der ein Jahr später zum stellvertretenden Vorsitzenden des Zentralrats der Juden gewählt wurde, war ebenfalls eingeladen, und man konnte sich auf eine nicht nur spannende, sondern anspruchsvolle Auseinandersetzung allein zwischen diesen beiden intelligenten Köpfen freuen. Und dann passierte Folgendes: Michel Friedman stellte die Redaktion vor die Alternative: entweder er oder ich. Ich komme nur in die Sendung, wenn Jörg Haider nicht daran teilnimmt. Ich war gespannt, wen die Redaktion an Friedmans Stelle finden würde, der dem schlagfertigen, cleveren Haider Paroli bieten konnte. Aber es kam anders. Die Redaktion lud Haider aus und hielt an der Einladung Friedmans fest. Mit anderen Worten: Es ging in der Sendung um Haider ohne Haider. Ich will das journalistisch nicht weiter kommentieren.

Warum ich das so ausführlich erzähle – es kam, wie es kommen musste. Eine der vielen anderen damaligen Talkshows, «Talk in Berlin», auf ntv vom ehemaligen Chefredakteur des *Spiegel* Erich Böhme moderiert, lud Haider ein, und es wurde ein Desaster. Böhme hatte das Kaliber Haiders unterschätzt und gedacht, er brauche nur ein paar flapsige, freche Fragen zu stellen, um ihn in die Enge zu treiben. Weit gefehlt. Der gewiefte Politiker parierte jede kritische Frage und entlarvte bis über die Peinlichkeitsgrenze hinaus diverse Schlampigkeiten in der Recherche. Als der Nachspann lief, blieb nicht etwa eine gewisse Nachdenklichkeit, sondern eher eine Frage wie: Wer hat hier eigentlich wen entlarvt?

Welche Schlüsse kann man aus dem Beispiel ziehen? Immer den Erhalt eines rechtsstaatlichen demokratischen Systems im Blick. Mut haben, unbequeme Dinge anzusprechen, da sich sonst die «falschen» Leute der «richtigen» Themen bemächtigen. Klar ist jedenfalls, dass sich heikle Themen nicht dadurch von selbst erledigen, dass man sie totschweigt, und die große Frage ist, ob sich Gedanken und Ideen, die unserem System schaden, nicht schneller und nachhaltiger verbreiten, wenn deren Protagonisten aus dem öffentlichen Diskurs verbannt werden. Die Auseinandersetzung mit ihnen ist unendlich unbequem und insofern durchaus riskant, eben weil die Parteien der Mitte teilweise Antworten auf tatsächlich vorhandene Fragen und Probleme schuldig geblieben sind; Antworten, die über schlichte Absichtserklärungen oder Glaubensbekenntnisse hinausgehen und mit denen man praktisch etwas anfangen kann. Aus meiner Sicht ist es kontraproduktiv, sich allein aus Angst, in die Nähe der AfD gerückt zu werden, nicht auf diejenigen Themen einzulassen, die einer Partei wie der AfD wichtig sind. Denn die sind ihr ja nicht deshalb wichtig, weil es AfD-intern so beschlossen wurde, sondern weil es für sie einen Resonanzboden in der Bevölkerung gibt.

Manchmal hilft ein Blick auf die Chronologie und die Ursprünge. Mir kommt jedenfalls der Begriff «selbsterfüllende Prophezeiung» in den Sinn, wenn ich mir die Entwicklung der AfD anschaue. Die Partei hat sich genau in die Richtung entwickelt, die man ihr bereits zu einem sehr frühen Zeitpunkt unterstellt hat, als sich die Mehrheit der Mitglieder durch diese Vorwürfe noch zu Recht verunglimpft fühlen konnte. Kann es sein, dass die Art des Umgangs mit dieser Partei genau die radikalen Kräfte gestärkt hat, die zu Beginn noch eine Randerscheinung waren? So oder so – es ist und bleibt ein moralisches Dilemma, über das wir furchtlos streiten sollten.

Aus meiner Sicht ist es aber ganz sicher nicht die richtige Methode, Mitglieder der AfD körperlich anzugreifen und dafür zu sorgen, dass sie ihre Versammlungsorte nur noch unter Polizeischutz erreichen können. Was ist das für ein Staatsverständnis, wenn sich schwarz gekleidete, vermummte Gestalten an den umliegenden Straßen aufbauen, um Passanten zu fragen: «Wo willst Du hin?», und sich ermächtigt fühlen, eine Ausweiskontrolle vorzunehmen, wenn diejenigen antworten, sie seien Journalisten auf dem Weg zu ihrem AfD-Termin. Wer seinen Presseausweis nicht zeigen will, wird sofort von mehreren Personen umringt und bedrängt. So geschehen am 7. Juni 2020 in Köln.

In diesem Zusammenhang taucht oft der Begriff *Antifa* auf und schon wird's heikel. Das Grundproblem besteht darin, dass es *die* Antifa nicht gibt. Es ist kein Verein, dem man beitreten kann und damit dessen Satzung akzeptiert. Es ist eine Bewegung, eine *antifa*schistische Bewegung, die sich mit ihrer Vielzahl verschiedener Gruppen schwer einheitlich charakterisieren lässt. Neben Demonstrationen und Kundgebungen fließt ein großer Teil der Energie in Recherche und Aufklärung mit besonderem Augenmerk auf die junge Generation. Aber es gibt eben auch den linksextremen Teil, für den der Kampf gegen den Faschismus gleichbedeutend ist mit der Abschaffung des derzeitigen Systems und alle Mittel rechtfertigt. Aus diesem Bereich stammen dann auch die Fernsehbilder, die die Vorstellungen von *Antifa* prägen. Nahezu jeder wird sich an die Gewaltexzesse anlässlich des G20-Gipfels in Hamburg im Sommer 2017 erinnern, als vermummte Personen und der schwarze Block Barrikaden in Brand setzten und Jagd auf Polizisten machten. Nach Angaben des Hamburger Senats wurden

709 Polizisten verletzt, neun davon schwer, wobei sieben stationär behandelt werden mussten. Verlässliche Zahlen über verletzte Demonstranten sind nicht zu bekommen, nicht zuletzt weil sich «Riot Medics», ehrenamtliche Demo-Sanitäter, gekümmert haben, die keine Aufzeichnungen machen. «Die Leute verwechseln Antifa und Antifaschismus miteinander. Der Faschismus will den Rechtsstaat beseitigen, den die Polizei beschützen soll», so ein Polizist im Interview. Und weiter: «Antifaschist zu sein bedeutet: Man ist Demokrat. Die Bewegung der Antifa, zu der auch der schwarze Block gehört, hat dagegen militante Strömungen, die auch oft mit der Polizei Probleme haben.»

Der Soziologe Nils Schuhmacher, der im Fachbereich Kriminologische Sozialforschung der Universität Hamburg lehrt, formuliert es so: «Antifa ist keine Organisation mit Mitgliedschaften, es gibt keine Hauptverantwortlichen, es existiert auch kein politisches Programm im engeren Sinne, auf das alle eingeschworen wären oder eingeschworen werden könnten.» Die Gewaltbereitschaft erklärt Schumacher folgendermaßen: «Antifa bezieht sich auf die historische Erfahrung des Faschismus und die aktuelle rechte Gewalt.» Die Hemmschwelle Gewalt anzuwenden sinke, wenn man rechte Gewalt selbst oder in seinem Umfeld erfahren habe. Was die einen als Angriff sehen, wird von den anderen als Gegenwehr wahrgenommen. Bleibt festzuhalten, dass es innerhalb der *Antifa* keine einheitliche Meinung darüber gibt, wie mit Gewalt umzugehen ist. Was es in der politischen Diskussion so schwer macht, ist die Tatsache, dass kein an rechtsstaatlicher Verfasstheit interessierter Demokrat etwas gegen *antifaschistische* Arbeit haben kann. Die Frage ist halt nur, was der Einzelne darunter ganz konkret versteht, und auch darüber muss man streiten dürfen, ohne sich wechselseitig in diverse Ecken zu schubsen.

Es reicht nicht, für eine *gute Sache* einzutreten und sich deshalb automatisch auf der moralisch einwandfreien Seite zu wähnen, ganz gleich wie man sich verhält. Nach dem Motto: Das muss erlaubt sein. Schau doch mal, worum es hier geht. Das ist wichtig und existenziell, da darf man nicht so pingelig sein. – Doch. Man muss. Wollen wir wirklich in einer Gesellschaft leben, in der ein Bürgermeister in Kerpen in Nordrhein-Westfalen nicht mehr zur Wahl antritt, weil er ein Schreiben in seinem Briefkasten gefunden hat, seine Kinder würden es zu spüren bekommen, wenn er sich nicht deutlicher für den Erhalt des Hambacher Forstes einsetze?

Wenn «andere Gedanken» wahlweise als Majestätsbeleidigung oder psychische Deformation desjenigen, der sie äußert, empfunden werden, wenn Abwehrschlachten nur mit ausgrenzenden Etiketten wie Nazi, Rassist, Sexist, Volksverräter, Klimaleugner etc. stattfinden, dann führt das sowohl dazu, dass Menschen nicht mehr miteinander reden, als auch dazu, dass man sich sehr genau überlegt, was man in wessen Anwesenheit sagt. Beides hat in unserem politischen und gesellschaftlichen System nichts zu suchen.

Jung und Alt

Jungsein an sich ist kein Qualitätsmerkmal. Es hört sich vielleicht merkwürdig an, wenn das jemand sagt, der 1949 geboren wurde. Deswegen füge ich gleich hinzu: Altsein auch nicht. Ich möchte erklären, wie ich das meine. Der große mediale Jubel bricht immer dann aus, wenn irgendwo auf der Welt ein junger Mensch Regierungs- oder Firmenchef wird. Automatisch verbindet man das mit Dynamik, neuen Ideen, die hoffentlich bei neuen und alten Problemen helfen sollen, und – nicht zu unterschätzen – mit Gesundheit. Wer Leistung bringen muss, sollte gesund sein, damit er die Strapazen durchhält, die mit langen Arbeitstagen, großer Verantwortung und Anfeindungen verbunden sind. So weit so gut. Und selbstverständlich ist es wichtig, über Interessen und Befindlichkeiten junger Menschen nicht nur Bescheid zu wissen, sondern sicherzustellen, dass sie Gehör finden und mitgestalten können. Aber allein am Geburtsdatum ablesen zu wollen, wie jung oder alt jemand wirklich ist, hat noch nie funktioniert. Es gibt alte Junge und junge Alte. Wie kommt es, dass der älteste Präsidentschaftsbewerber bei den Vorwahlen der Demokraten in den USA, Bernie Sanders, immerhin Jahrgang 1941, gerade junge Wähler überzeugt hat? Wenn alte langgediente (Berufs-)Politiker den Kontakt zum richtigen Leben verloren haben und man sich von jüngeren Neuen mehr Schwung erhofft – der bayrische Ministerpräsident Markus Söder hat mit Nachdruck eine Verjüngung der Regierung in Berlin gefordert –, dann ist dagegen meines Erachtens vom Grundsatz her nichts einzuwenden, es sei denn, man macht ein Dogma daraus: Alte müssen weg, und Junge müssen ran. Wichtig ist doch, wofür jemand steht und was er tut, und nicht, wann er oder sie geboren wurde.

Dass junge Menschen an den Türen der Macht rütteln und eingelassen werden wollen, ist ein völlig normaler Vorgang, der sich in jeder Generation wiederholt. Und dass Ältere auf den Stühlen sitzen, auf denen sich die Jüngeren niederlassen möchten, ebenso. Ich will auch nicht der umgekehrten Sichtweise das Wort reden, dass es nämlich nur den Älteren zukomme, die Führungspositionen zu besetzen und zu bestimmen, wo es langgeht, obwohl ich in einer Zeit aufgewachsen bin, in der diese Meinung vorherrschte. Doch dieser natürliche Generationenkonflikt kann von beiden Seiten so oder so ausgetragen werden: respektvoll, ausgleichend, die Bedürfnisse der jeweils anderen berücksichtigend oder egoistisch, verletzend und überheblich. Eines steht jedenfalls fest: Die Jungen von heute sind die Alten von morgen. Wenn sich jeder klarmachte, dass er in seinem Leben erst zu den Jungen und dann zu den Alten gehört, dann müssten doch eigentlich alle dafür sein, dass der Generationenkonflikt möglichst zivilisiert verläuft.

Aber wenn man sich unsere öffentlichen Debatten anschaut, hat man gerade eher nicht das Gefühl, dass diese Erkenntnis beherzigt würde. Der «alte, weiße Mann» ist bei Jüngeren zu einem Feindbild geworden. Und Menschen in meinem Alter, aber auch schon deutlich Jüngere, werden nicht selten geringschätzig betrachtet nach dem Motto: Was «die» sagen, kann ja nur Blödsinn sein. Von der heutigen Welt, die ja so unglaublich anders und neu ist, verstehen «die» doch per se überhaupt nichts.

Und im Lager der Alten? Da gibt es nicht wenige, die aus Neid oder Verunsicherung sehr unsouverän auf die Ansprüche und Ideen der Jungen reagieren. Unbequeme junge Frauen, die sich engagieren, wie zum Beispiel auch Greta Thunberg, werden mit hasserfüllten und hämischen Kommentaren bedacht, anstatt sich ernsthaft mit ihnen auseinanderzusetzen. Dazu gehört selbstverständlich auch, ihnen zu widersprechen, wenn sie über das Ziel hinausschießen. Aber eben ohne Gegeifer und Beleidigungen. Immer wieder liest man sarkastische Bemerkungen in den Kommentarspalten von Onlinemedien, in denen sich ältere Menschen unflätig und pauschalisierend über die jüngere Generation auslassen. Wenn Medien diese Trends aufgreifen und verstärken, dann entsteht zwischen den Generationen eine völlig unnötige Polarisierung, und wir produzieren eine weitere Bruchstelle in unserer Gesellschaft. Dann heißt es: «Wir» gegen «die» statt Alt und Jung gemeinsam.

Es gibt viele Bereiche, in denen man die Jungen gegen die Alten ausspielt und umgekehrt. Rente, Gesundheit, Umwelt, um nur einige zu nennen. Und der Begriff «Risikogruppe» scheint seit der Corona-Pandemie pauschal zum Synonym für die «ältere Generation» zu werden. Was vermutlich ursprünglich mal als Schutz gemeint und fürsorglichem Denken entsprungen war, läuft Gefahr, ein Eigenleben zu entwickeln, mit dem Alte ins Abseits gedrängt werden, damit das Leben für Junge «normal» weitergehen kann. Schauen wir uns die demografische Entwicklung in Deutschland näher an. Jeder weiß mittlerweile, wie sehr unser umlagefinanziertes Rentensystem dadurch gefährdet ist, dass immer weniger Vollzeitbeschäftigte für immer mehr Rentner aufkommen müssen. Hätten wir nicht eine gewisse Zuwanderung, wären die Zahlen noch dramatischer. Jedenfalls ist Überbevölkerung in Deutschland perspektivisch gesehen gewiss kein Thema, und der Altersdurchschnitt steigt. Da kann es nicht verwundern, dass sich die Jungen um ihre Zukunft sorgen, die ihnen auch an dieser Stelle «mal wieder» durch die Alten genommen wird. Also höchste Zeit, über sämtliche Stellschrauben, die im Rentensystem eine Rolle spielen, offen und so faktenbasiert wie möglich zu diskutieren.

Es ist hier nicht der Ort, die Details von Steuer- und Rentengesetzgebung darzulegen und das Für und Wider einzelner Reformansätze aufzulisten. Wichtig scheint mir, dass wenigstens versucht wird, die Interessen der Alten und der Jungen zu verbinden und einen gangbaren Kompromiss zu finden, der sehr wohl beiden Seiten Opfer abverlangt, aber eben auch beiden Seiten eine gute Existenz ermöglicht. Die Politik hat dies in den letzten Jahrzehnten durchaus versucht. Nicht alle Maßnahmen waren sinnvoll, einige sogar mehr als kontraproduktiv, wenn man zum Beispiel an die Riester-Rente denkt, aber das zugrunde liegende Prinzip war so falsch nicht. Es besteht nach wie vor kein Spielraum für große Rentenerhöhungen, aber auch kein Grund für radikale Rentenkürzungen.

Wenn man allerdings manche Äußerungen in der Corona-Krise liest, dann gewinnt man den Eindruck, es wäre dem einen oder anderen ganz recht, wenn das Virus unter den Älteren «aufräumte», um die Rentenkassen zu sanieren. Es ist respektlos, die Lebensleistung von alten Menschen einfach wegzuwischen und so zu tun, als hätten sie sich ihre Rente nicht in jahrzehntelanger Arbeit oft sehr hart «verdient», sondern als sei diese eine Art «Almosen», das von der jüngeren Generation generös verteilt wird. Es ist aber ebenso respektlos, die Nöte der Jungen zu ignorieren unter dem Motto «Nach mir die Sintflut». Für mich hängt die innere Stabilität einer Gesellschaft stark davon ab, dass sich möglichst viele, Junge wie Alte, in ihrer Mitte wiederfinden, sich Polarisierungen – ob Entweder-oder, Gut und Böse, Jung gegen Alt etc. – verweigern und trotz aller Meinungsunterschiede respektvoll miteinander umgehen.

Dies gilt beim Thema Rente, es gilt aber auch bei der Gesundheit oder dem Klimaschutz. Bundespräsident Frank-Walter Steinmeier hat am 27. Oktober 2019 in einer Rede in Mannheim über das neue Umweltbewusstsein junger Menschen gesprochen. Die große Aufmerksamkeit für dieses Thema habe der Politik neue Spielräume geschaffen. Aber es sei nach wie vor nötig, um die besten Lösungen zu ringen, wobei er sich als Bundespräsident nicht auf eine Seite schlagen wolle. «Mein Anliegen ist, dass aus der Enttäuschung über das Noch-nicht-Erreichte keine Entfremdung von der Demokratie wird.» Er warnte davor, die Möglichkeiten der Demokratie kleinzureden, je apokalyptischer die Herausforderungen beschrieben werden. Und vor allem warnte er davor, «in dieser Debatte die einen gegen die anderen auszuspielen: die Leidenschaft und Entschiedenheit der jungen Menschen auf der Straße gegen die vermeintliche Nüchternheit und Behäbigkeit der demokratischen Verfahren.» Das Fazit des Bundespräsidenten: «Gemeinsam muss es uns gelingen, dass aus Umwelt- und Klimaschutz keine polarisierende Identitätspolitik wird». Anders ausgedrückt: Die Klimapolitik sollte kein Vehikel sein, um den Generationenkonflikt auszutragen. Weder sind «die» Alten nur halsstarrige Verweigerer, die nicht aufhören können, die Welt in den Abgrund zu wirtschaften, noch sind «die» Jungen allesamt altruistische Umweltschützer. Man kann sich alles Mögliche zurechtlegen über Generationen und ihre Vorstellungen. In Wahrheit aber gibt es weder «die» Alten noch «die» Jungen.

«Wir werden euch damit nicht davonkommen lassen!»

Ich selbst hatte es damals nicht mitbekommen, bin aber natürlich dann auch darauf aufmerksam geworden: auf die satirische Umdichtung des Kinderliedes «Meine Oma fährt im Hühnerstall Motorrad» – bei dem es sich ja auch schon um eine Umdichtung handelt, und zwar aus den dreißiger Jahren. Ursprünglich hieß es «Wir versaufen unserer Oma ihr klein Häuschen». Aus dem anerkennenden Refrain «Meine Oma ist ne ganz patente Frau» wurde «Meine Oma ist ne alte Umweltsau»; gesungen von einem fröhlich lachenden Kinderchor, lau-

ter Mädchen, und zunächst ohne nennenswerte Reaktion ausgestrahlt im November 2019 auf WDR 5 in «Satire Deluxe».

Erst als das Lied Wochen später auf WDR 2 wiederholt
wurde, ohne den erkennbar satirischen Rahmen von WDR 5,
ergoss sich eine Welle der Kritik. Der Intendant des WDR,
Tom Buhrow, entschuldigte sich, und der Beitrag wurde aus der
Mediathek entfernt. Das wiederum rief all diejenigen auf den
Plan, die dahinter eine Kapitulation vor rechten Kreisen vermu-
teten, aus denen offenbar die ersten und schärfsten Kritiken
gekommen waren. Eine ganze Reihe von WDR-Mitarbeitern
warf dem Intendanten vor, er sei vor dem «rechten Mob» einge-
knickt, und das Ganze bekam in Anlehnung an den Watergate-
Skandal, der 1974 den amerikanischen Präsidenten Richard
Nixon das Amt kostete, den Namen «Omagate».

Die Meinungsfreiheit sei in Gefahr, hieß es allenthalben, und
Satire dürfe ja bekanntlich ohnehin alles. – Wenn Sie mir die
allgemeine und von diesem Beispiel zunächst einmal losgelöste
Bemerkung gestatten: Eben weil Satire alles darf, sollte man
immer wieder ganz genau darauf schauen, ob Satire wirklich
alles das machen muss, was sie darf. – Der Streit um das verball-
hornte Kinderlied schaffte es sogar bis in die *New York Times*,
die zu allem Überfluss hinter der Aufregung über den Text eine
rechtsextreme Verschwörung witterte.

Dann kam es noch schlimmer, weil sich ein freier Mitarbeiter
des WDR über den mittlerweile anwachsenden Shitstorm dermaßen aufregte, dass er die folgenden Sätze postete: «Lass mal
über die Großeltern reden, von denen, die jetzt sich über Umweltsau aufregen. Eure Oma war keine Umweltsau. Stimmt.
Sondern eine Nazisau.» Mit «Vergangenheitsbewältigung» hatte
das weniger zu tun, eher mit einer Aufheizung der ohnehin
überhitzten Debatte. Die Sache eskalierte, bis hin zu Morddrohungen. Und wem nützt das alles?

Als ich mir das Video später im Internet angeschaut habe,

war ich ehrlich gesagt vom Text auch nicht begeistert. Mir kam dazu weniger der Begriff Satire in den Sinn, schon eher Worte wie geschmacklos und niveaulos mit Blick auf die Wortwahl (Umweltsau), und irgendwie daneben. Nicht zuletzt wegen des Schlussteils, in dem man den Kindern einen Originalton von Greta Thunberg quasi in den Mund gelegt hat: «We will not let you get away with this!», also: «Wir werden euch damit nicht davonkommen lassen!» Das klingt dann schon nach Kriegserklärung und nach Feindbildkonstruktion. Dennoch: War es wirklich nötig, sich über eine geschmacklose Satire mit heiligem Ernst aufzuregen? Es wäre vielleicht auch etwas souveräner gegangen. Man hätte zum Beispiel überlegen können, ein ähnlich «satirisches» Lied über das vorbildliche Umweltverhalten der weitgereisten jüngeren Generation dagegenzustellen, nach dem Motto: Mein Enkel fliegt im Sommer nach Sri Lanka, oder so ähnlich. Das hätte Humor bewiesen. Denn Humor ist ja bekanntlich, wenn man trotzdem lacht.

Aber es gibt eben auch eine zutiefst traurige Seite, wenn sich die Selbsteinschätzung älterer Menschen derart verändert, dass sie sich nur noch als Ballast für die Nachkommenden empfinden. Ein Artikel der *taz* berichtete im April 2020 davon auf berührende Weise. «Wir schämen uns für unsere reiche Altengeneration, die die Jungen über jedes erträgliche Maß hinaus belastet», wurde da eine 81-Jährige zitiert, die Wert darauf legte zu betonen, dass sie und ihr Mann klar im Kopf seien. Die alte Dame führte mit Blick auf die Beschränkungen wegen der Corona-Pandemie aus: «Wir sind nicht damit einverstanden, dass eine Masse von (…) jungen MitbürgerInnen, alleinerziehenden Müttern, Familienmüttern und -vätern, eine Unzahl Erwerbstätiger einseitig dafür zur Verantwortung gezogen werden, dass wir Alten überleben.» Mit anderen Worten: Lockert den Shutdown ohne Rücksicht auf uns Alte. Eine weitere Stimme, diesmal von einem 81-jährigen Mann: «Wie können wir

Alten allen Ernstes von euch Jungen Solidarität und Verzicht auf Lebensplanungen einfordern, zu der wir selbst beim Klimaschutz nie bereit waren?» Auch er spricht von Scham, «Scham für eine Not, auch wenn man keine Mitschuld daran trägt». Für Corona könnten er und seine Generation natürlich nichts, wohl aber für den Zustand des Planeten Erde. «Wir Alten können nichts dafür, dass wir gefährdeter sind als andere, aber wir können verzichten.» So nochmal die 81-Jährige von vorhin, die zudem Politiker ermutigen möchte, die Alten in besonderer Weise zur Finanzierung der Corona-Schäden heranzuziehen. Gut gestellte Rentner könnten einen substanziellen Beitrag leisten und kämen auch mit sechzig Prozent ihrer Bezüge aus. «Wir dürfen die Jungen nicht ausquetschen», sagt die alte Dame, «wir Alten sind nur noch ein paar Jahre auf der Erde, aber unsere Enkel und Urenkel werden mit der kaputten Wirtschaft leben.»

Ist das gelebte Solidarität zwischen Alt und Jung, über die man sich freuen sollte? Oder resignierte Selbstaufgabe? Es ist bekannt, dass eine nicht unerhebliche Anzahl alter Menschen aus dem Leben scheidet oder es sich zumindest wünscht, um ihren geliebten Angehörigen nicht zur Last zu fallen. Machen wir da jetzt eine pauschale Generationenfrage draus? Die Alten haben's versaut und damit ihre Rechte verwirkt? Also am besten bleiben sie alle zu Hause auf ihrem Sofa oder gegebenenfalls auf der Gartenbank sitzen und stören die Abläufe einer jungen digitalisierten Welt nicht, die sie ohnehin nicht verstehen?

Warum kehren wir dann nicht gleich zu den Praktiken mancher Naturvölker zurück, wie sie der US-amerikanische Evolutionsbiologe Jared Diamond schildert? Von den Inuit in der Arktis weiß man, dass sie ihre Alten einfach vernachlässigt haben, bis sie starben, oder sie zum Selbstmord drängten, indem sie zum Beispiel von einer Klippe springen oder ins Meer gehen sollten. Nomadenvölker wie die Samen (Lappen) in Nordskandinavien oder verschiedene Indianer sowohl in Nordals auch in Südamerika überließen Alte und Kranke einfach ihrem Schicksal, wenn die Gruppe weiterzog. Auch gezielte Tötungen waren offenbar nicht unüblich, beim Volk der Kaulong im Südwesten von Neubritannien, einer Insel, die zu Papua-Neuguinea gehört, sogar noch bis in die fünfziger Jahre hinein. «Was kann eine Nomadengesellschaft oder eine Gesellschaft, in der die Nahrung nicht für die ganze Gruppe reicht, sonst mit ihren älteren Menschen machen?», fragt Jared Diamond in seinem Buch *Vermächtnis*.

Kein Mensch, ganz gleich ob alt oder jung, der mit einigermaßen Verstand gesegnet ist, wird bestreiten, dass die finanziellen Lasten, die auf uns zurollen, gigantisch sein werden. Ein Artikel auf *Welt Online* erschien unter der Oberüberschrift «Jung gegen Alt» und mit der Schlagzeile «Rentner sind die Gewinner – für den Rest bleibt nur große Ungerechtigkeit». Es folgten akribisch aufgemachte Rechnungen anhand von tatsächlichem und angenommenem Zahlenmaterial, nach denen «Rentner durch die Effekte der Krise langfristig sogar bessergestellt» würden. Einige der fettgedruckten Zwischenüberschriften lauteten: «Krise wirkt sich tendenziell zugunsten der Rentner aus», «Schieflage bei der Belastung der Generationen» und «Jüngeren droht geringeres Erwerbseinkommen». Eine Armada von Sätzen mit «könnte», «würde», «voraussichtlich» – die klassische Verdachtsberichterstattung – beherrschte weite Teile des Artikels, laut dem «im schlimmsten Szenario italienische Verhältnisse» drohen. Wenn man das alles konsequent zu Ende denkt, dann bleibt nur ein Schluss übrig: Wenn es Euch (die Alten) nicht gäbe, ginge es uns (den Jungen) besser.

«Wir retten in Deutschland möglicherweise Menschen, die in einem halben Jahr sowieso gestorben wären.» So hat es der Tübinger Oberbürgermeister Boris Palmer mit Blick auf die Corona-Krise formuliert und dafür viel Prügel einstecken müssen, auch von seiner eigenen Partei, den Grünen. Ich bin ziemlich sicher, dass er das nicht so brutal gemeint hat, wie es aufgenommen wurde, aber natürlich gibt es zu denken, wenn plötzlich das Geburtsdatum dafür ausschlaggebend sein soll, mit welchem Aufwand um ein Leben gekämpft wird. Ich spreche jetzt nicht von den lebenserhaltenden Maßnahmen um jeden Preis, die weniger mit Leben als mit hinausgezögertem Sterben zu tun haben. Das ist ganz etwas anderes. Aber es gibt eben den sportlichen, fitten 85-Jährigen, der locker noch zehn Jahre «machen» kann und sich nicht an die statistisch vorausgesagte Lebenserwartung hält. Doch ganz gleich, wie man zur Aussage Boris Palmers steht, ihn mit Morddrohungen zu überziehen, zeugt von einer erschreckenden Verrohung.

Der inszenierte Generationenkonflikt

Es gibt so viele gute Überlegungen, wie sich Jung und Alt zu beiderseitigem Nutzen ergänzen können. Das beginnt bei Lebensformen und Mehrgenerationenhäusern, zeigt sich nicht zuletzt in der Enkelbetreuung und reicht bis in Wirtschafts und Wissenschaftsbereiche, in denen die jungen Wilden von erfahrenen Alten profitieren und umgekehrt. Löst es irgendein Problem, wenn Alte sich mit Schuldgefühlen verkriechen und ihre letzten Lebensjahre absitzen, statt sie zu genießen und andere an ihrer Lebensfreude teilhaben zu lassen? Es ist viel von Umdenken die Rede. Können damit nur die Alten gemeint sein? Wie sinnvoll wäre es, jenseits des Jung-gegen-Alt-Denkens gemeinsam alles an Erfahrungen und Wünschen zusammenzuwerfen und zu schauen, was sich wie realisieren lässt, statt auf der Basis von Schuldzuweisungen Existenzberechtigungen infrage zu stellen. Ich möchte als alter Mensch, als Mitglied der «Risikogruppe», vollwertiges Mitglied dieser Gesellschaft sein, als solches akzeptiert und respektiert werden und mich weder gegen Junge aufhetzen noch als Feindbild von Jungen betrachten lassen.

Doch gibt es ihn überhaupt, den heißen Generationenkonflikt, der durch unsere aufgeregten öffentlichen Debatten geistert? Das Verrückte scheint mir zu sein, dass die Mehrheit der Menschen in unserer Gesellschaft ihn weder will noch befeuert – ganz gleich ob alt oder jung. Die massenhaft praktizierte Solidarität und Hilfsbereitschaft in Corona-Zeiten sprechen eine andere Sprache. Da wurden Plattformen aus dem Boden gestampft, auf denen junge Menschen ihre Hilfen für alte koordinierten, damit die das Haus nicht verlassen mussten und sich dennoch mit Lebensmitteln und allem, was man sonst noch so braucht, versorgen konnten. Da verzichteten junge Familien darauf, Oma und Opa zur Enkelbetreuung einzusetzen, obwohl der Shutdown-Alltag mit geschlossenen Kindergärten und Schulen ohne sie eigentlich nicht mehr zu bewältigen war. Aber die Großeltern sollten geschützt werden, also musste es irgendwie anders gehen. Es war in den Medien viel von Corona-Partys die Rede, auf denen sich junge Leute rücksichtslos vergnügten, weil ihnen das Virus angeblich nichts anhaben könne und der Rest der Welt ihnen sowieso egal sei. Das gab es natürlich, aber Verstöße gegen die Abstands- und Hygieneauflagen waren kein Privileg der jungen Generation. Irre gibt es überall, in jedem Land und in jeder Altersklasse. Es hat sich dann schnell herausgestellt, dass es sich bei diesen Corona-Partys um Einzelfälle handelte.

Wenn man sich Umfragen anschaut, dann wird das Verhältnis zwischen den Generationen überwiegend als gut beschrieben. Eine repräsentative Infas-Studie kam etwa zu dem Schluss, dass sich die Generationensolidarität 2018 im Vergleich zu 1996 «in vielen Bereichen eher verbessert» habe. Kann es sein, dass manch politische Diskussion ihr Futter aus aufgebauschten Konflikten bezieht? Aufgebauscht, um die Aufmerksamkeit zu bekommen, die man braucht, um medial wahrgenommen zu werden? Das ist dann wie der Fußballreporter, der den Stürmer nach einem gelungenen Auftritt fragt: Müsste der Bundestrainer Sie jetzt nicht in die Nationalmannschaft berufen? Und wenn der Spieler keinen guten Medienberater hat, dann steht am nächsten Tag in der Zeitung: «Stürmer XY setzt den Bundestrainer unter Druck.»

Aufmerksamkeit ist die Währung von heute. Wer von Medien wahrgenommen werden möchte, muss Aufmerksamkeit erregen, und Medien brauchen ihrerseits Aufmerksamkeit, um ihre Existenz zu sichern, was bei der Vielzahl medialer Angebote – sowohl analog als auch digital – gar nicht so einfach ist. Wer schaltet schon Werbung in einer Zeitung, die kaum einer liest, oder in einer Sendung, die kaum einer hört bzw. sieht?

Die Aufmerksamkeitshändler

Im Jahr 1833 hatte ein junger New Yorker eine gute Idee. Der 23-jährige Benjamin Day besaß eine kleine Druckerei und hatte eine Weile für eine Zeitung gearbeitet. Um seine Firma besser auszulasten, beschloss er, ein eigenes Blatt herauszubringen. Damals gab es in New York nur relativ teure Zeitungen, die sich an eine wirtschaftliche und politische Elite richteten. Sie finanzierten sich überwiegend über die Erlöse am Kiosk. Sechs Cent kostete die führende Zeitung, der *Morning Courier and New York Enquirer*, und er erschien in einer Auflage von lediglich 2600 Stück. Day dagegen bot seine Zeitung, die *New York Sun*, für einen Cent an, ein Preis, bei dem er mit jedem einzelnen Exemplar Verlust machte. Doch sein Kalkül ging auf: Wenn es gelang, durch den niedrigen Preis neue Leserschichten zu gewinnen und eine hohe Auflage zu erzielen, dann konnte er Unternehmen teure Anzeigen verkaufen und so unter dem Strich Gewinn machen. Während die anderen Zeitungen die Leser als ihre Kunden sahen, waren sie für Day sein Produkt, folgert der New Yorker Rechtsprofessor Tim Wu, dessen Buch *The Attention Merchants* («Die Aufmerksamkeitshändler») dieses Beispiel entnommen ist. Ende 1834 hatte die *New York Sun* bereits eine Auflage von 5000 Stück und war profitabel.

Bald schon gab es Nachahmer, und so entbrannte ein Kampf um die Leser. Damit das Geschäftsmodell funktionierte, mussten möglichst viele Menschen dazu gebracht werden, die «Penny Papers» zu kaufen. Dies geschah durch den niedrigen Preis, aber auch über den Inhalt. Day druckte vor allem Berichte aus dem Gerichtssaal, einer seiner Konkurrenten spezialisierte sich auf

Sportereignisse, und der *Morning Herald* informierte mit Vorliebe über Morde, Hinrichtungen und spektakuläre Unfälle – kommt Ihnen das bekannt vor? Gemeinsam war ihnen allen jedenfalls, dass sie sich um die Aufmerksamkeit ihrer Leser bemühten, um diese anschließend an Werbekunden weiter zu verkaufen. Und auch wenn Journalisten und Medien in dieser Rolle nicht aufgehen, sind sie seitdem doch immer auch «Aufmerksamkeitshändler» – manche mehr, manche weniger, aber ganz entziehen kann sich diesem Mechanismus niemand, der in diesem Bereich arbeitet.

Zoff sells

Aufgabe von Journalisten ist es – und das sehen auch heute viele Kollegen so – in erster Linie die Realität zu beobachten, sie möglichst authentisch zu beschreiben und das Beobachtete in größere Zusammenhänge einzuordnen, damit man mit der Einzelinformation etwas Sinnvolles anfangen kann. Simples Beispiel: Was nützt es, wenn ich weiß, dass das monatliche Durchschnittseinkommen auf den Kapverdischen Inseln bei umgerechnet knapp 300 US-Dollar liegt, wenn ich keine Ahnung habe, wie hoch dort die Lebenshaltungskosten sind und wie gleich oder ungleich dieses Durchschnittseinkommen in der Realität verteilt ist? Beobachten – dazu gehört natürlich Fragen zu stellen und zu recherchieren –, beschreiben, einordnen, das ist die Basis dafür, dass der Medienkonsument seine eigenen Schlüsse ziehen kann. Das ist die journalistische Pflicht, wenn Sie so wollen. Eine journalistische Kür gibt es auch: den Kommentar, der ohne Anspruch auf Allgemeingültigkeit persönliche Argumentationsketten des jeweiligen Journalisten sichtbar macht. Wenn Medienkonsumenten «ihren» Journalisten vertrauen, dann stellt das eine große Hilfe dar, sich in dieser informationsüberfluteten Welt zurechtzufinden. Es ist die vornehmste Aufgabe von Journalismus im besten und weitesten Sinne aufzuklären; zusätzlich zu den Informationen, die minütlich über uns hereinbrechen, Zusammenhänge und Hintergründe zu liefern, damit sich die Mediennutzer auf dieser Grundlage ihre eigene Meinung bilden können.

Doch keine Zeitung, Radio- oder Fernsehstation kommt heute ohne Werbeeinnahmen aus. Und seitdem die journalistische Information zunehmend ins Internet abwandert, machen sich die Folgen der Aufmerksamkeitsökonomie immer eklatanter bemerkbar. Denn hier lässt sich jeder Klick zählen, der wiederum über die Höhe der zu erzielenden Werbeeinnahmen entscheidet, und es lässt sich auswerten, wann ein Leser das Interesse verloren hat. Das wirkt sich auf die Auswahl der Themen aus, auf ihre Präsentation und auch auf die Art, wie Artikel geschrieben und Beiträge produziert werden. Selbst die öffentlich-rechtlichen Fernseh- und Rundfunkanstalten können sich den Anforderungen der Aufmerksamkeitsindustrie nicht völlig entziehen, denn sie müssen ihre Gebührenfinanzierung durch Einschaltquoten rechtfertigen.

Und womit erregt man die Aufmerksamkeit des Publikums? Welche Schlagzeile würden Sie nehmen? «Zahl der Verkehrstoten 2019 auf dem niedrigsten Stand seit Beginn der Aufzeichnungen» oder doch lieber «Frau läuft nach Auffahrunfall auf Autobahn und wird überfahren»? Erinnern Sie sich noch an eine Nachrichtensendung, in der nicht über Katastrophen oder spektakuläre Todesfälle berichtet wurde? Die «überdramatisierte Weltsicht» und das viel zu negative Bild der Wirklichkeit, das Hans Rosling durch seine Befragungen feststellte, haben hier eine ihrer Wurzeln.

Es lässt sich jedoch nicht nur über bestimmte Themen Aufmerksamkeit erreichen, sondern auch über die Art und Weise, *wie* Nachrichten und Informationen präsentiert werden. Wie oft passt eine reißerische Überschrift nicht zum Inhalt des Artikels? Durch emotionale Zuspitzung lassen sich Klicks generieren. Und das gleiche gilt für das gekonnte Spiel mit Vorurteilen und Weltbildern. Wer eine bestimmte politische Richtung zu seinem Zielpublikum erklärt, der wird eher Nachrichten auswählen, die dessen Weltbild bestätigen. So werden Blasen geschaffen, deren Insassen von «ihrem» Medium immer wieder in ihren Ansichten und Vorurteilen bestätigt werden, auf dass sie bei der Stange bleiben.

Als ich mitten in der Corona-Krise auf *Spiegel Online* die Überschrift «Feminismus rettet Leben» entdeckt habe, dachte ich zunächst an etwas Satirisches. Aber weit gefehlt. Das war ernst gemeint: «Männer haben die leitenden Jobs, aber die Frauen sind es, die die Gesellschaft in der Coronakrise am Laufen halten», stand da zu lesen. Ja, die Mehrheit des Pflegepersonals in Krankenhäusern und Altenheimen sind Frauen; ja, die Mehrheit der Supermarktangestellten, die an Kassen sitzen, sind Frauen. Aber was hat das mit Feminismus zu tun? Und was ist mit Polizei, Feuerwehr, Rettungswesen, Paketzustellung? Da ist die Mehrheit der dort Tätigen männlich. Was ist mit Forschung und Medizinern in Arztpraxen und Krankenhäusern? Wem hilft es, schon gar in dieser dramatischen Situation, Männer und Frauen gegeneinander auszuspielen? Der Gleichberechtigung sicher nicht. Doch die Aufmerksamkeit ist einem sicher mit einer derart zugespitzten Überschrift, zumal beim eigenen Zielpublikum.

Insofern tragen die Mechanismen der Aufmerksamkeitsindustrie ihren Teil dazu bei, die Gesellschaft zu spalten und die Debatten zu polarisieren. «Die Mütter bleiben zuhause, kümmern sich um die Kinder und kochen noch schön, hat doch früher auch so funktioniert. Es ist echt ein dramatischer Rückfall in die Rollenmuster der fünfziger, sechziger Jahre», stellte Annalena Baerbock, eine der beiden Bundesvorsitzenden der Grünen, in einem Interview zu den Auswirkungen der Corona-

Krise fest. Und dieselbe Behauptung fand sich in zahlreichen Schlagzeilen. Das Bundesinstitut für Bevölkerungsforschung (BiB) kam in einer im Juli 2020 veröffentlichten Studie allerdings zu einem ganz anderen Ergebnis. Demnach haben sich Männer in der Phase des Lockdown stärker als zuvor an der Familienarbeit beteiligt. Ihr Anteil daran stieg auf den «historisch hohen Wert von 41 Prozent». Die Studie stellt dabei eine hohe Familienzufriedenheit der Väter fest, die «dieser ungewohnten, neuen Situation etwas Positives abgewinnen konnten und die Zeit mit den Kindern vielfach genossen». Das Fazit des Forschungsdirektors Martin Bujard: «Es gab die These der Retraditionalisierung und die Befürchtung, zurück in die Fünfzigerjahre katapultiert zu werden. Die Empirie ist eine völlig andere.» Dieser Befund bezieht sich natürlich auf eine Ausnahmesituation und man kann nicht automatisch davon ausgehen, dass das jetzt so bleibt und vielleicht sogar sukzessive immer besser wird. Aber er zeigt, dass es sich lohnt genauer hinzuschauen, bevor man berechtigte Befürchtungen zu unumstößlichen Tatsachen macht. Es wird sicher Familien geben, in denen es nicht so funktioniert hat, wie in der Studie beschrieben, aber das taugt nicht als Beweis für die Behauptung, nun drohe ein Rückfall in die Rollenmuster der fünfziger Jahre. «Nicht Corona trägt zur Retraditionalisierung der Geschlechterrollen bei, sondern weiterhin die Geburt eines Kindes», so der Direktor des BiB, Norbert Schneider.

Rational betrachtet erwarten Mediennutzer vor allem unparteiische Informationen und Einordnungen, um selbst Schlüsse daraus ziehen zu können. Doch emotional betrachtet wollen viele nicht nur ihre eigene Meinung bestätigt sehen, sondern springen auch allzu gerne auf Klatsch und Tratsch an, der sich zudem viel leichter verdauen lässt als die schwierigen Detailfragen komplexer politischer Probleme. Ein Aufmerksamkeitshändler wird Letztere also nur wohldosiert verabreichen und auch die politischen Themen so einbetten, dass sie Unterhaltungswert bekommen. So erklärt sich, dass Personalfragen häufig mehr interessieren als Inhalte, dass über politische Auseinandersetzungen im Stile von Sportwettkämpfen berichtet wird und dass Zoff und Streit im Vordergrund stehen.

Am 12. November 2018 lautete die erste Meldung der «Tagesschau» um 17.00 Uhr, dass sich Horst Seehofer vom CSU-Parteivorsitz zurückgezogen habe. Parallel dazu stellte der neue bayerische Ministerpräsident Markus Söder sein Kabinett vor. Man konnte also vermuten, dass Horst Seehofer Markus Söder die Schau stehlen wollte, was ihm ja auch gelungen ist, weil ihm und seinem Rücktritt der Aufmacher der «Tagesschau» gewidmet war. Nach den entsprechenden Filmberichten lautete die erste Frage der Moderatorin im Studio an ihren Kollegen vor Ort: «Was bedeutet das für das Verhältnis Seehofer – Söder?» Das ist zwar völlig belanglos, aber symptomatisch für die an Klatsch und Tratsch orientierte Berichterstattung. Wenn es irgendwo auch nur nach persönlichem Streit riecht, dann rückt alles andere in den Hintergrund, unabhängig vom Stellenwert für die Gesellschaft, für das «Große Ganze».

Auf der gleichen Ebene liegt ein Programmhinweis auf einen Beitrag über Markus Söder und den nordrhein-westfälischen Ministerpräsidenten Armin Laschet im ARD-Politikmagazin «Kontraste» am 7. Mai 2020: «Wer liegt vorn im Kampf um Kanzlerschaft und Krisenmanagement?» Ist es wirklich das, was in einer Zeit im Vordergrund steht, in der Hunderttausenden gerade ihre berufliche Existenz entgleitet und viele Menschen Höllenqualen leiden, weil sie ihre Angehörigen in Altenheimen und Krankenhäusern nicht besuchen dürfen, selbst wenn diese im Sterben liegen?

In den «Tagesthemen» vom 3. Juni 2020 konnte das von der Regierungskoalition soeben verkündete Konjunkturpaket in groben Zügen vorgestellt werden, über das lange und intensiv gerungen worden war. Der Kollege in Berlin schilderte unaufgeregt sowohl die Überraschungen (etwa die zeitlich begrenzte Senkung des Mehrwertsteuersatzes) als auch die Punkte, mit denen man mehr oder weniger rechnen konnte, und lieferte in der Kürze der Zeit einen guten vorläufigen Überblick, eng an den Sachthemen orientiert. Er betonte, es handele sich um einen klassischen Kompromiss, beide Seiten seien aufeinander zugegangen. Und der Moderator fragt nicht etwa nach weiteren Erläuterungen konkret beschlossener Punkte, sondern: «Wer musste größere Kröten schlucken?» Wo ist der Erkenntnisgewinn durch eine solche Frage?

Nach dem gleichen Schema lief die mediale Diskussion ab, als sich am 6. Mai 2020 die Bundeskanzlerin und die Ministerpräsidenten der Länder beraten und dann entschieden haben, wie Lockerungen im strengen Kontakt-Regime aussehen können, das nach dem Ausbruch der Corona-Pandemie galt. Da sich das Infektionsgeschehen je nach Bundesland höchst unterschiedlich darstellte, wurde dem in den Entscheidungen Rechnung getragen, denn auf eine bundeseinheitliche Regelung wurde zugunsten einer weitgehenden Länderautonomie verzichtet. Statt die Vorzüge dieser Lösung zu betrachten – einen Spielraum zu haben, um den lokalen Gegebenheiten sinnvoll begegnen zu können –, wurde das Ergebnis von vornherein mit dem Hinweis, das bedeute einen «Länderflickenteppich», zerrissen und das Augenmerk vor allem auf einen Autoritätsverlust der Kanzlerin gerichtet. Angela Merkel habe sich nicht durchsetzen können. Wie steht es um den Machtverlust der Kanzlerin? Ich möchte wetten, wenn es zu einer einheitlichen bundesweiten Lösung gekommen wäre, hätte es nicht lange gedauert, bis jemand die starre unflexible Haltung aufs Korn genommen und ausgeführt hätte, dass sinnvolle und den örtlichen Gegebenheiten angepasste Lösungen verhindert worden seien. Es gibt ein Leben jenseits von Konfliktdenken.

Doch wie sehr Zoff ganz oben auf der Skala des Berichtenswerten steht, zeigen kleine Episoden aus den Anfängen der Corona-Pandemie, als der Deutsche Bundestag in einem bis dahin unvorstellbaren Eiltempo weitreichende Gesetze verabschiedet und die Opposition sich nicht quergestellt hat. «Wo ist die Opposition geblieben?», fragte die Moderatorin des ZDF-Morgenmagazins am 25. März 2020 nahezu enttäuscht, und im nachfolgenden Beitrag meinte der Kollege gar, es sei ein Alarmsignal, wenn die Regierung die Opposition lobe. «Wenn sich alle einig sind, dann ist das in einer Demokratie diskussionswürdig», so die Moderatorin von «Berlin direkt» am 3. Mai 2020, und sie fragte ihren Studiogast Robert Habeck von den Grünen: «Wo bleibt der Streit, den die Opposition führen sollte?» Die Unsicherheiten und Ängste rund um das Corona-Virus haben dafür gesorgt, dass sich Parteien, die sich unter «normalen» Umständen bis aufs Messer bekämpfen und sich auch in der Wortwahl gegenseitig oftmals nichts schenken, darauf besinnen, dass es ein gemeinsames Ziel gibt, das man nur – wenn überhaupt – gemeinsam erreichen kann. Es ist nicht Aufgabe von Journalisten, politische Protagonisten aufzustacheln und sie an ihre sonstigen parteipolitischen Querelen zu erinnern, damit es wieder spannend wird.

Und was ist davon zu halten, wenn in einem Gespräch zwischen zwei Journalisten – der eine im Studio, der andere am Ort des jeweiligen Geschehens – hochgefährliche politische Entwicklungen thematisiert werden, und der Kollege im Studio das Gespräch mit den Worten beendet: «Es bleibt auf jeden Fall spannend.» Ein immer wiederkehrendes Phänomen, kein exotischer Einzelfall. Was ist das für ein Kriterium angesichts existenzieller Fragen, wie etwa der von Krieg und Frieden? Das hört sich eher nach freudiger Erwartung an, als handele es sich um ein Spiel, in dem es um Einschaltquote und Sieger und Verlierer geht.

Wird schon stimmen oder: Hast du mal 'ne Studie?

Im Märchen «Des Kaisers neue Kleider» von Hans Christian Andersen macht erst ein Kind darauf aufmerksam, dass der Kaiser in Unterwäsche durch die Straßen zieht, denn Betrüger hatten ihm eingeredet, die von ihnen gewebten Kleider seien aus ganz besonderem Material, das nur diejenigen sehen können, die ihres Amtes würdig und nicht dumm seien. Der Kaiser wollte sich natürlich nicht als dumm entlarven und tat so, als sähe er edelste Materialien. Und seine Untertanen haben sich nicht getraut zu widersprechen. Das Risiko war ihnen zu groß. Aber ein Kind denkt nicht so.

Hape Kerkeling hat mit seinem kongenialen Partner Achim Hagemann mit einer angeblichen modernen polnischen Oper und dem legendär gewordenen Ausruf «Hurz» ein klassisches Konzertpublikum hinters Licht geführt, das sich zunächst auf eine ernsthafte künstlerische Auseinandersetzung eingelassen hat – was will uns der Komponist damit sagen –, bis eine Frau vorsichtig anmerkte: «Es wirkt irgendwie… also, ich sag's ehrlich, auf mich wirkt's irgendwie komisch.» Statt den Witz jetzt aufzulösen, verwickelte Hape Kerkeling die Frau in ein Gespräch und provozierte: «Das ist zeitgenössische klassische Musik. Dann unterstelle ich, dass kein intellektueller Zugang da ist.» Aber sie ließ sich nicht beirren und konterte: «Da können Sie recht haben, aber es muss doch erlaubt sein, zu sagen, ich kann damit nichts anfangen.»

An diese beiden Geschichten musste ich denken, als ich in dem Buch *Warum Journalist werden?* meines Kollegen Johannes Grotzky die folgende Episode aus der hoch angesehenen US-amerikanischen Harvard-Universität in Cambridge bei Boston gelesen habe. Er hatte die Gelegenheit, bei einer Willkommensfeier für Erstsemester dabei zu sein und die Rede des Präsidenten der Universität zu hören. Darin zitierte dieser einen naturwissenschaftlichen Text aus dem Aufsatz eines Harvard-Professors und meinte dann: «Diesen Text werden Sie jetzt nicht verstehen. Selbst, wenn Sie ein naturwissenschaftliches Studium bei uns absolviert haben, werden Sie mit dem Text nichts anfangen. Denn er ist reiner Nonsens, Unsinn.» Den verblüfften Zuhörern erklärte er, dass man getestet habe, ob Zeitschriften ungeprüft ein Skript abdrucken, das aus der Harvard-Universität stammt, und tatsächlich seien einige Zeitschriften darauf hereingefallen und hätten das publiziert. «Die Lehre für die Erstsemester lautete: hinterfragen Sie, was man Ihnen erzählt, überprüfen Sie die Dinge auf Plausibilität und Richtigkeit, bleiben Sie kritisch, nicht nur gegenüber Ihren Professoren, sondern Ihr Leben lang. ‹Das ist es, was Sie in Harvard lernen können›, meinte der Unipräsident abschließend.»

Warum erzähle ich das? Wegen der auffälligen Unsitte bei manchen Journalisten, irgendwelche Studien als Stand «der» Wissenschaft zu präsentieren, ohne irgendetwas nachzurecherchieren, sie auf der Grundlage logischen Denkens anzuzweifeln oder zumindest kritische Fragen zu stellen. Wenn der Urheber der Studie dann auch noch aus einem Umfeld kommt, das einem persönlich nahe und sympathisch ist, dann reduziert sich die berufseigene Skepsis meist auf null: Das wird schon stimmen. Ist ja schließlich Wissenschaft. Aber Wissenschaft ist Streit und selbst «Messergebnisse sind kein Evangelium», wie es neulich ein Professor der Physik mir gegenüber ausdrückte. Es gibt auch in der Wissenschaft keine «absolute Wahrheit».

Ein besonders eklatantes Beispiel dafür, dass auch renommierte Institute mit ihren wissenschaftlichen Publikationen völlig daneben liegen können, bietet der *Global Health Security Index* der Johns-Hopkins-Universität und der Nuclear Threat Initiative. Er stellte im Oktober 2019 ein Ranking der Staaten auf, die mit ihrem Gesundheitssystem am besten für Pandemien gerüstet seien. Ausgerechnet die USA und Großbritannien landeten auf Platz 1 und 2 der Liste. Deutschland dagegen wurde nicht zu den «am besten vorbereiteten» Ländern gezählt. Es ist schon ein besonderes Pech, wenn eine Studie sich so schnell und so eindeutig an der Realität messen lässt.

Es gibt eine weitere Unsitte im journalistischen Umgang mit Wissenschaft. Sie besteht darin, die vorsichtigen Schlussfolgerungen wissenschaftlicher Publikationen absolut zu setzen, um sie schlagzeilentauglich zu machen. Die «Übersetzung» ins Journalistische ist immer eine Gratwanderung zwischen präziser Wiedergabe der Forschungsergebnisse einerseits und deren verständlicher Darstellung für Nicht-Wissenschaftler andererseits. Im Mai 2020 geisterte eine Studie durch die Medien, die aus dem wegen Corona versäumten Schulunterricht bemerkenswerte Einkommenseinbußen ableitete, unter denen die betroffenen Schüler ihr ganzes Leben lang leiden würden, da die Verluste auch später nicht mehr ausgeglichen werden könnten. Eine entsprechende Schlagzeile lautete: «Langfristige Schulschließungen führen zu dauerhaftem Verlust von Einkommen», und der Autor der Studie wird mit den Worten zitiert: «Geht etwa ein Drittel eines Schuljahres verloren, so geht dies über das gesamte Berufsleben gerechnet im Durchschnitt mit rund drei bis vier Prozent geringerem Erwerbseinkommen einher.» Diese Aussage schaffte es auch an prominenter Stelle in die Fernsehnachrichten und erhöhte natürlich den Druck, endlich wieder zu einem normalen Unterricht zurückzukehren. Schaut man sich die Studie genauer an, so handelt es sich eher um selbstverständlich legitime wissenschaftliche Gedankenspiele als um belastbare Erkenntnisse, die mit der Verbindlichkeit von Naturgesetzen festgestellt werden. Der Autor der Studie leitet seine Arbeit mit den Worten ein, er nutze die Erkenntnisse der bildungsökonomischen Forschung, «um *abzuschätzen* wie die ökonomischen Auswirkungen des ausbleibenden Lernens auf

Grund der geschlossenen Schulen ausfallen *könnten*» (Hervorhebungen durch die Verfasserin). Anschließend wird festgestellt, dass wenig darüber bekannt sei, wie intensiv Schüler in diesen präsenzfreien Zeiten zu Hause lernen würden. Es gebe allerdings «Hinweise», dass bei vielen Kindern und Jugendlichen derzeit wenig zielgerichtetes Lernen stattfinde. Da nicht klar sei, in welchem Umfang es Corona-bedingt zu Lernausfällen gekommen sei, würden «beispielhaft» die Folgen betrachtet, wenn ein Drittel eines Schuljahres ausfalle.

Es werden mehrmonatige Schulstreiks 1990 in Belgien und deren wissenschaftliche Aufarbeitung thematisiert, und es werden entsprechende Untersuchungen aus Kanada und Argentinien herangezogen, wo man ähnliche Vorkommnisse beobachten konnte, und Forschungsarbeiten, wie sich die extrem langen Sommerferien beispielsweise in den USA auswirken. Es überrascht wenig, zu lesen, dass kürzere Schulbildung oder gar der Abbruch der Schule ohne Abschluss in der Regel im späteren Leben zu geringerem Einkommen führen. «Der starke Zusammenhang von Bildungsjahren und Einkommen ist wohl einer der robustesten Befunde der empirischen Wirtschaftsforschung überhaupt.» Man könnte, nebenbei bemerkt, auch ohne wissenschaftliche Forschung darauf kommen, dass man mit einem akademischen Grad – nicht in jedem Fall, aber in der Mehrzahl der Fälle – ein höheres Einkommen erzielen kann als mit einem Hauptschulabschluss.

Auf jeden Fall ist es problematisch, wenn der Konjunktiv, den der Studienautor vielfach benutzt, in den journalistischen Berichten unter den Tisch fällt. Denn die bildungsökonomische Forschung stellt einen Zusammenhang her zwischen nicht erworbenen Kompetenzen und späteren Einkommensverlusten. Doch lagen zum Zeitpunkt der Publikation noch überhaupt keine Daten dazu vor, wie sich der Kompetenzerwerb in der Zeit der Schulschließungen gestaltete. Denn der Unterricht fiel ja nicht einfach aus. Es gab Homeschooling und mehr oder weniger gut durchgeführte Anleitungen über das Internet. Dies muss nicht zwangsläufig bedeuten, dass ein Drittel des Schuljahres verloren ist und dementsprechend drei bis vier Prozent an Einkommen ebenso verloren gehen.

Doch derlei Feinheiten bleiben unberücksichtigt, wenn ein plakativer Satz gut zu eigenen Überzeugungen passt, in diesem Fall, die Schulschließungen möglichst rasch zu beenden, ohne Rücksicht auf den Stand der Pandemie. Und noch etwas ist problematisch: Die prognostizierten drei bis vier Prozent Einkommensverlust bei Ausfall von einem Drittel eines Schuljahres sind ein Durchschnittswert über eine ganze Kohorte. Das heißt aber keineswegs, dass jeder Einzelne ihn erleidet. Man müsste im Gegenteil sehr genau hinschauen, wen es trifft, um zielgenau gegenzusteuern. In der Studie heißt es etwa: «Es gibt deutliche Anzeichen dafür, dass Kinder aus benachteiligten Verhältnissen und lernschwache Schüler*innen mit der Phase des Zuhauselernens besonders schwer zurechtkommen.» – Auch das scheint mir im Übrigen keine allzu überraschende Erkenntnis zu sein. Wenn jemand aufgrund ausgefallenen Unterrichts oder Homeschoolings seinen Abschluss nicht schafft und deswegen keine mittlere Reife oder kein Abitur erlangt, dann wird sich das massiv auf sein Lebenseinkommen auswirken und den Durchschnitt nach unten ziehen. Auch nicht erworbene Kompetenzen werden sich entsprechend bemerkbar machen. Wer aber aus einem Elternhaus kommt, das Wert auf Bildung legt und Kinder entsprechend fördern kann und will, der wird voraussichtlich keinerlei Einkommensverlust erleiden.

Dazu noch eine Bemerkung aus meiner eigenen Erfahrung. Ich gehöre zu der Generation, die in den sechziger Jahren in den «Genuss» der sogenannten Kurzschuljahre gekommen ist, die in besagter Studie auch mit ihren entsprechenden Nachteilen abgehandelt wurden. Weil der Schuljahresbeginn nach dem Zweiten Weltkrieg in den einzelnen Bundesländern unterschiedlich lag – die meisten starteten im Frühjahr –, sollte er bundesweit vereinheitlicht, nämlich auf den Spätsommer verlegt werden. Zur Synchronisation brauchte man zwei Schuljahre. Für mich in Köln bedeutete das ganz konkret: Ein Schuljahr reichte von April bis November 1966, und das zweite von Dezember 1966 bis Juli 1967. Da kann man schon von einer einschneidenden Kürzung sprechen. Für mich kam noch «erschwerend» hinzu, dass mich diese Umstellung in der gymnasialen Oberstufe erwischte. Auf die beiden Kurzschuljahre folgte dann auch noch das kurze Abiturschuljahr. Der Vorteil: Ich war 17, als ich das Abitur in der Tasche hatte. Und ich habe nicht den Eindruck, dass diese drastische Unterrichtsverkürzung bei mir zu einer Einkommenseinbuße geführt hat. Mehr noch, wenn ich mir diejenigen heute ansehe, die mit mir Abitur gemacht haben (in der Mehrzahl Lehrerinnen, Ärztinnen und Rechtsanwältinnen) – ich war auf einer Mädchenschule –, dann taugen auch ihre Lebensläufe genau wie meiner nicht dazu, die These von der zwangsläufigen Einkommenseinbuße zu stützen. In Wahrheit bewirken verkürzte oder ausgefallene Schulzeiten nämlich etwas anderes: Sie verstärken die soziale Ungleichheit, da eventuelle Einkommensverluste vorwiegend bestimmte soziale Gruppen treffen.

An dem Fall der Bildungsstudie lässt sich sehen, dass manche Journalisten dazu neigen, sich aus Studien das herauszupicken, was ihnen in den Kram passt, oder gleich nur diejenigen Experten und Studien für ihre Arbeit heranzuziehen, die ihre Arbeitshypothese stützen. Gegenläufige Ergebnisse werden dann gerne ignoriert, um einen Text zu produzieren, der die Erwartungen des Zielpublikums bedient oder eigenen politischen Überzeugungen entspricht. Der bereits zitierte Georg Cremer schildert seine Beobachtung, dass Journalisten bei Experten genau das abfragen wollen, was in eine im Voraus geplante Geschichte passt, und das Gespräch recht schnell beenden, wenn sie merken, dass der Experte da nicht mitspielt. Das heißt, die Arbeitsweise ist nicht so, wie sie eigentlich sein sollte, sondern genau umgekehrt. Statt über die Bandbreite von Ergebnissen zu berichten, gegebenenfalls auf der Grundlage intensiver Recherchen Abwägungen vorzunehmen, was plausibel ist, sucht man sich diejenigen Quellen zusammen, die die eigene Programmplanung stützen. Ich nehme mich selbst da nicht aus. Zu meiner Zeit bei «Monitor» wussten wir sehr genau, welcher Wissenschaftler unsere Programmidee mit Fakten untermauern konnte. Auf den durchaus existierenden wissenschaftlichen Widerpart haben wir verzichtet. Das geht oft auch gar nicht anders, weil politische Berichterstattung auch in Kurzeinheiten funktionieren muss und nicht nur im Doku-Format von 45 Minuten oder mehr. Den «Mut zur Lücke» muss man da schon haben. Aber der Blick für Relationen darf einem nicht verloren gehen, wenn die Seriosität erhalten bleiben soll. Also nicht leichtfertig die passenden Studien zusammensuchen, sondern verantwortungsvoll das Umfeld und die Wirkung betrachten, ob man das so machen «darf», ohne zu riskieren, etwas vollkommen Falsches zu verbreiten. Dazu muss man ja nicht lügen, «auch wer nachweislich nicht lügt, kann durch Unterlassung der Unwahrheit dienen», so formuliert es Johannes Grotzky in seinem Buch und gibt zur Illustration folgenden Witz aus den Zeiten des Kalten Krieges und der Konfrontation zwischen Ost und West zum Besten. «Der sowjetische Generalsekretär Gorbatschow wollte einen friedlichen Wettkampf der Systeme. Er lud den amerikanischen Präsidenten zu einem Wettlauf auf der Aschenbahn ein. Der Sieger sollte auch politisch mit seinem System als Gewinner anerkannt werden. Die beiden starteten – und der amerikanische Präsident gewann. Was stand am nächsten Tag in der kommunistischen Parteizeitung *Prawda*? ‹Bei einem gigantischen Wettlauf der Systeme belegte der sowjetische Generalsekretär einen hervorragenden zweiten Platz. Der Amerikaner wurde Vorletzter.»»

«Haltung zeigen»

Und dann gibt es noch diejenigen, die sich berufen fühlen, die Menschheit auf den «richtigen» Weg zu führen. Im Juni 2019 hat sich der Chefredakteur des ZDF, Peter Frey, den Fragen der Bürger von Anklam in Mecklenburg-Vorpommern gestellt, und zwar im Rahmen einer Aktion «Landfrust statt Landlust», zu der auch der Bundespräsident angereist war. Eine Frage an den Journalisten aus dem Publikum lautete: Wieso bringen Sie uns immer mit Rechtsextremismus in Verbindung? Wenn zwanzig Prozent die AfD gewählt haben, dann haben immerhin achtzig Prozent was anderes gewählt. Die Reaktion des Chefredakteurs: «Kritischer Journalismus will nicht in erster Linie angreifen, sondern will zeigen, wo man besser werden kann.»

Ist das so? Journalismus als Schulmeister der Nation? Meine Auffassung von Journalismus ist das nicht. Journalisten sind nicht dazu da, die Menschen auf den «richtigen» Weg zu führen und ihnen zweifelsfrei zu sagen, was gut und böse ist. Insofern habe ich auch so meine Probleme mit der Aussage mancher Kollegen, man müsse «Haltung» zeigen. Wenn «Haltung» heißt, dass wir im besten Sinne rücksichtslos alles an Fakten zusammentragen, was wir kriegen können, ohne Dinge wegzulassen, die nicht in unser persönliches Bild passen, dann bin ich dafür «Haltung» zu zeigen. Wenn «Haltung» meinen soll, dass man über bestimmte Werte verfügt, für die man einsteht, und sein Fähnchen nicht jeden Tag neu am Wind ausrichtet, dann bin ich ebenfalls dafür, «Haltung» zu zeigen.

Doch ist das derzeit wirklich gemeint, wenn von «Haltung» die Rede ist? Ich habe den Eindruck, dass nicht selten etwas ganz anderes ausgedrückt werden soll, nämlich die Aufforderung, sich zu einer bestimmten, der «richtigen Haltung» zu bekennen. Und selbst das ist nicht von vornherein problematisch. Wenn dazu aufgefordert werden soll, sich angesichts extremistischer Umtriebe explizit zu den Werten des Grundgesetzes zu bekennen und diejenigen, die das tun, nicht alleine im Regen stehen zu lassen, dann sollten möglichst viele Menschen «Haltung» zeigen. Aber wenn gemeint ist, dass man sich auf eine bestimmte Seite im Meinungsstreit stellen soll, dann kann «Haltung zeigen» schnell zu einer Rutschbahn werden, auf der man in problematische Gefilde abgleitet.

Was ist zum Beispiel mit der Flüchtlingspolitik? Heißt «Haltung zeigen» für offene Grenzen einzutreten? Gegen Obergrenzen und Abschiebungen zu sein? Private Seenotrettung auf dem Mittelmeer zu unterstützen? Und wie äußert sich «Haltung zeigen» in einem solchen Fall konkret? Wenn beispielsweise das «Gemeinsame Analyse- und Strategiezentrum illegale Migration» (GASIM) im Sommer 2020 in einem internen Bericht feststellt, dass Schleuser in Libyen vermehrt Boote ablegen lassen, wenn private Seenotretter in der Nähe sind, und dass sie sich darüber anhand des GPS-Tracking der Schiffe auf deren Internetseiten informieren, soll man dann darüber berichten oder lieber nicht? Und wie geht man mit denjenigen um, die illegale Migration begrenzen wollen? Heißt «Haltung zeigen» in diesem Fall, sie ihrer menschenfeindlichen Einstellung zu überführen?

Wenn aus politischen Argumenten auf diese Weise moralische werden, dann verliert die jeweilige Gegenposition von vornherein ihre Legitimität, und der Medienkonsument hat keine Chance mehr, selbst zu überprüfen, was Sache ist, um seine eigenen Schlüsse daraus zu ziehen. Denn das ist allein die Aufgabe derjenigen, die Medien konsumieren. Es steht Medienmachern nicht zu, Bürger auf diese Weise zu entmündigen.

Journalisten sind gut damit beschäftigt, Politik zu erklären, auch sie zu kontrollieren. Selbst Politik machen zu wollen, gehört nicht zum journalistischen Geschäft.

«Die Zeit der Neutralität ist vorbei», hat der *Spiegel*-Redakteur Philipp Oehmke im Juni 2020 geschrieben und sich dabei auf folgende Geschichte berufen. Der Chef der Meinungsseiten in der *New York Times*, James Bennet, war zum Rücktritt genötigt worden, nachdem ein Gastbeitrag eines Republikaners für Wirbel gesorgt und zu hausinternen Protesten geführt hatte. Darin war der Einsatz von Militär gegen die Black-Lives-Matter-Demonstranten gefordert worden. Bennet, verteidigte sich, indem er auf die «Meinungspluralität» verwies. Die Zeitung schulde es ihren Lesern, «ihnen Gegenargumente aufzuzeigen». Nun kann man darüber streiten, ob der Einsatz des Militärs gegen die eigene Bevölkerung ein «Gegenargument» ist, das den Lesern der *New York Times* unbedingt nahegebracht werden muss. Doch Oehmke beließ es nicht dabei, die Veröffentlichung dieses konkreten Artikels zu kritisieren. «Der Meinungschef der *New York Times* musste gehen, weil er (…) einem überholten Ideal von neutralem Journalismus nachhing», so der *Spiegel*-Redakteur. Und weiter: «Der Neutralitätsjournalismus, der scheinbar von einer ‹Position aus dem Niemandsland› kommt, wie es der New Yorker Medienforscher Jay Rosen bezeichnete, wirkt heute nicht nur uninteressant und unaufrichtig. Er versagt vor allem in seinem Auftrag als ‹vierte Gewalt›.» Schließlich wird ein amerikanischer Journalist mit den Worten zitiert, statt «vorgetäuschter Objektivität» brauche «moderner Journalismus in diesen Krisenzeiten klare moralische Ansagen». Ist das so? Und wenn ja, wer bestimmt, was die «richtige» Moral ist?

Ich denke, es wäre ein fatales Missverständnis davon auszugehen, Journalisten seien jemals neutral und objektiv gewesen. Was soll das sein und wie soll das gehen? «Zu meiner Zeit»

waren die innenpolitischen Fernsehmagazine der ARD klar zu-
geordnet: «Panorama» in Hamburg zur SPD, «Monitor» in Köln
zur FDP, «Report München» zur CSU, was sonst, und «Report
Mainz» zur CDU. «Man» wusste als Zuschauer, was einen erwar-
tete, wenn man die jeweilige Sendung einschaltete, bekam aber
dennoch einen guten Überblick, wenn man mal hier und mal
da reinschaute, sich aus seiner eigenen Blase löste und die Vorzüge von Meinungsfreiheit nicht nur mit Blick auf die eigene
Meinung erkannte. Bei den Zeitungen funktionierte es ähnlich.
Die FAZ erfreute sich einer eher konservativen Leserschaft, die
Frankfurter Rundschau fungierte quasi als Gegenpol.

Journalisten sind keine Übermenschen. Sie sind wie alle anderen auch Gefangene ihrer eigenen Sozialisation, und es gehört zur Professionalität, sich dessen zumindest bewusst zu sein
und damit so verantwortungsvoll wie möglich umzugehen.
Doch es ist ganz etwas anderes, den Einsatz als «Meinungs-
kämpfer» zur eigentlichen Aufgabe von Journalisten zu stilisie-
ren. Wer ihnen in diesem Sinne «Haltung» abnötigt, sich im
Kampf gegen das Böse auf der «richtigen», der guten Seite zu
positionieren, riskiert einen Dammbruch. Wohin soll das führen? Journalisten als Umerzieher oder Gesinnungspolizei? Und
wer ein anderes Verständnis von Journalismus hat, der darf seinen Hut nehmen, wie James Bennet?

«Ein Klima der Intoleranz» und eine «stickige Atmosphäre»
befürchteten denn auch mehr als 150 Schriftsteller und Autoren
in einem offenen Brief, der im Juli 2020 zeitgleich in der US-
amerikanischen Zeitschrift *Harper's Magazine*, *Le Monde*, *La
Repubblica* und der *Zeit* erschien. Die Unterzeichner, zu denen
u. a. auch Daniel Kehlmann, Margaret Atwood, der Philosoph und Linguist Noam Chomsky, die Feministin Gloria
Steinem und die Harry-Potter-Autorin J. K. Rowling gehören,
begrüßen die aktuellen Proteste gegen Rassismus und für gesellschaftliche Gleichberechtigung, aber sie warnen vor «mora-

lischen Einstellungen und politischen Bekenntnissen, die jede offene Debatte und das Aushalten von Differenz zugunsten einer ideologischen Konformität schwächen». Allzu oft würden heute «als Reaktion auf vermeintliche sprachliche oder gedankliche Entgleisungen schwere Vergeltungsmaßnahmen gefordert», und viele Institutionen kämen diesen Forderungen allzu eilfertig nach und entließen oder maßregelten ihre Mitarbeiter. So gesehen, kann «Haltung zeigen» auch bedeuten, dass man Position beziehen und eine Seite wählen soll. Und wer das nicht tut und seinen Kopf aus den Schützengräben steckt, dem fliegen die Kugeln um die Ohren. Wer sich noch an die heißen Zeiten des Kalten Krieges erinnern kann, weiß, wie sich so etwas anfühlt. Neu ist die Forderung nach einem Ende des «Neutralitätszeitalters» jedenfalls nicht.

Doch was ist mit «Neutralität» überhaupt gemeint? Die Schauspielerin, Journalistin und Bloggerin Samira El Ouassil zitiert den Medienwissenschaftler Jay Rosen in einem Debattenbeitrag zum Thema Neutralität wie folgt: «Neutralität wird dann zum Problem, wenn sie falsche Ausgewogenheit fördert: zwei Positionen als gleichwertig einstuft und darstellt, obwohl sie das nicht sind. Der Anspruch auf absolute Neutralität hievt zudem Journalistinnen auf eine Bühne, die befreit ist von Meinung und Ideologie. Der Journalist sagt dem Medienkonsument: Ich habe keine Agenda, ich sage dir nur, wie es ist – und du musst mir glauben, denn das, was ich sage, ist Fakt. Die Menschen trauen diesem Konzept nicht mehr.» Ich glaube, die Menschen haben diesem Konzept noch nie getraut, jedenfalls wenn ich an meine aktive journalistische Zeit denke, die immerhin Mitte der siebziger Jahre begonnen hat. Und natürlich müssen Medien nicht im Sinne des Neutralitätsgebots falsche und echte Nachrichten gleichberechtigt nebeneinander bringen. Fake News und Fälschungen auszusortieren, war schon immer der Job von Journalisten, wobei das heute wegen neuer technischer Möglichkeiten schwieriger geworden ist. «Journalisten sollten, um ihrem Beruf gerecht zu werden, natürlich parteiisch sein: Sie müssen immer auf der Seite der Wahrheit sein», folgert El Ouassil zutreffend.

Nur weil es unmöglich ist, *die* Wahrheit abzubilden, muss man sich nicht davon verabschieden, das Bestmögliche erreichen zu wollen. Mir scheint, dass Mediennutzer so etwas merken. Im Bemühen um den Kern zeigt sich oftmals auch eine Art Transparenz der eigenen Arbeit, die es Mediennutzern ermöglicht, Gedankengänge zu verfolgen und etwas über den Entstehungsprozess des Medienproduktes zu erfahren. Das schafft Vertrauen. Doch es ist etwas anderes, wenn Journalisten sich nicht mehr davon leiten lassen, zu sagen, was ist – so gut das eben möglich ist –, und in dieser Hinsicht zu bewerten versuchen, was zutreffend ist und was nicht, sondern ihre ganz persönliche Agenda verfolgen. Bei El Ouassil heißt es etwa: «In einem Klima der Postfaktizität ist es vielleicht wichtiger denn je, dass JournalistInnen nicht nur abbilden, was ist, sondern dabei auch zeigen, was davon richtig ist.» Hier wird es schillernd. Denn es ist zwar recht gut möglich zu zeigen, dass etwas komplett falsch ist. Aber was ist richtig? Gerade dann, wenn ein moralischer Anspruch mitschwingt?

Aus meiner Sicht kommt man auch bei diesem Thema mit Entweder-oder-Denken nicht weiter. Journalisten sollten nicht versuchen, neutral bis zur Selbstaufgabe zu sein, und Positionen nur nebeneinander stellen. Das nennt man «He said … she said-Journalismus». Er führt dazu, dass grundlegende Standards des Journalistenhandwerks, nämlich das Gesagte auch zu überprüfen und nachzurecherchieren, an den Leser ausgelagert werden. Und natürlich muss auf Meinungsseiten nicht jeder Unsinn abgedruckt werden. Auf der anderen Seite aber müssen Journalisten, die das Neutralitätsgebot für antiquiert halten, aufpassen, dass sie die Meinungsspalten nicht zu reinen Tempeln der einzig richtigen Wahrheit machen. Selbstverständlich kann man darüber diskutieren, ob James Bennet unbedingt einen Artikel abdrucken musste, der für den Einsatz des Militärs gegen die eigene Bevölkerung plädiert. Doch es ist etwas ganz anderes, ihn deswegen zum Rücktritt zu nötigen und das Ideal der Meinungspluralität insgesamt zu diskreditieren. Wer sich nicht ab und zu mit abweichenden Meinungen konfrontiert sieht, der verliert das Verständnis dafür, dass Menschen mit guten Gründen andere Positionen beziehen können als man selbst. Das aber ist der Nährboden für Kompromiss und Demokratie.

Unbequeme Journalisten muss man sich leisten können

Ich habe kein Journalistik-Studium absolviert. Dieser Studiengang wurde zu meiner Zeit noch nicht angeboten. Journalisten fingen entweder ohne Studium an zu arbeiten, kamen mit allen möglichen Studienabschlüssen oder wechselten nach Abbruch eines Studiums in den Journalistenberuf. Learning by doing könnte man das nennen. Ich habe meinen persönlichen journalistischen Wertekodex durch eine Mischung aus Beobachten und Nachdenken entwickelt. Es war ein Gewinn, gute Kollegen bei der Arbeit begleiten und sie fragen zu können, warum sie dies und jenes so und nicht anders angingen. Neugier und Präzision waren mir von Anfang an wichtig. Bis heute schreibe ich bei Recherchen lieber zu viel auf als zu wenig. Etwas wirklich wissen wollen, fragen und nochmal fragen, an verschiedenen Stellen suchen, ermitteln, herausfinden. Und bei all dem nachsichtig und demütig sein, denn es gibt immer viele Wahrheiten. Zu jedem Ereignis gehören politische, historische, ökonomische und zahlreiche andere Aspekte. Hinter jeder Aussage eines Menschen steckt seine persönliche Erfahrung, seine Lebensgeschichte, seine politische Überzeugung. All das zu verstehen und so gut es geht darzustellen – vielleicht ist das eine Annäherung an Wahrheit.

Als man mir nach dem Ende meiner aktiven Zeit als Journalistin eine Professur für Journalistik anbot, habe ich erst gezögert. Schließlich gab es zu dem Zeitpunkt schon eine ganze Weile diverse Medienlehrstühle, an denen Lehrstoffe erarbeitet worden waren, mit denen ich nie zu tun hatte. Aber jetzt musste ich mich zwangsläufig damit beschäftigen. Ohne irgendjemand zu nahe treten zu wollen, es soll auch nicht überheblich klingen, aber mein ehrliches Empfinden bei der Beschäftigung mit dieser Materie lässt sich am treffendsten mit «ungläubiges Entsetzen» beschreiben.

Da wurden Selbstverständlichkeiten (pseudo)wissenschaftlich aufgeblasen, einfache Sachverhalte total umständlich und mit vielen Fremdwörtern gespickt dargestellt. Wie kann man nur, dachte ich mir, wo es im Journalismus doch darum geht, Kompliziertes einfach zu formulieren, ohne es zu verfälschen. Wenn die «Lehrer» es nicht mal drauf haben ... Wenig später gesellte sich ein positives Gefühl dazu. Ich war erfreut, wissenschaftlich Erforschtes zu finden, das ich instinktiv oder aus welchen Gründen auch immer einfach automatisch genauso gemacht hatte, ohne darüber aus wissenschaftlicher Sicht nachzudenken. Als Nächstes stellte sich Verwunderung darüber ein, wie krampfhaft in Journalismus-Lehrbüchern versucht wird, etwas zu schematisieren, was in keine Schublade passt und was sich nicht so ohne weiteres schematisieren lässt.

Was macht eine Nachricht zur Nachricht? Wovon hängt das ab? Sicher kann man Kriterien aufstellen, doch man sollte meines Erachtens viel stärker betonen, dass es sich allenfalls um lockere Hinweise handelt, die helfen können, aber an die man sich nicht sklavisch halten darf. Ich habe in der wissenschaftlichen Literatur den Gedanken vermisst, dass es sich bei der journalistischen Arbeit um etwas sehr Lebendiges handelt, eine

Geschichte, die lebt, die in verschiedenen Lebenssituationen unterschiedlichen Pulsschlag hat, wo man sich unter Umständen schnell entscheiden muss, ob man in die oder in die Richtung geht, wo einem keine «wissenschaftliche» Regel hilft, sondern nur das, was man selbst als Wertesystem verinnerlicht hat, wie gut man handwerklich vorbereitet ist und wie gut die eigene Intuition, der Instinkt ausgeprägt sind. In einer Zeit, die nur noch Zahlen und Messbares kennt, ist das schwer zu vermitteln.

Es würde sich lohnen, über die Zahlengläubigkeit heutzutage intensiver nachzudenken. Es werden Rankings erstellt, die keine Aussagekraft haben, weil sich bestimmte Kriterien nicht messen lassen und einiges auch individuell sehr unterschiedlich wahrgenommen wird. Nicht zu vergessen die eigenen Interessen derjenigen, die Rankings erstellen. Zunehmend verkümmern die mit Worten geschilderten Bewertungen und Beurteilungen. Das aber ist ein wesentlicher Teil des Menschseins. «Wir» Menschen haben die Möglichkeit, Nuancen und Schattierungen auszudrücken. Wozu ist Sprache sonst gut? Deshalb scheint es mir auch eine Art von Verkümmerung zu sein, wenn überall nur Englisch gesprochen werden soll. Natürlich hat es an manchen Stellen seinen Sinn, aber ganze Studiengänge in Deutschland nur auf Englisch anzubieten von Nicht-Muttersprachlern? «Zum Teil arbeiten wir auf Kindergartenniveau», so hat es ein Dozent mir gegenüber mit gequältem Lächeln formuliert. Was soll das bringen, wenn doch der Umgang mit Sprache, und zwar der Sprache, in der man künftig arbeiten will, einen wesentlichen Bestandteil journalistischer Arbeit darstellt?

Wie wichtig guter Journalismus für den Bestand unseres Systems, der Demokratie, ist, habe ich schon als junger Mensch immer empfunden, ohne es genau erklären zu können. Das war ein Gefühl, eine innere Verankerung. Doch genauso ist es, und das ist meines Erachtens der wichtigste Punkt in der Journalistenausbildung: Journalismus ist eine wesentliche Säule in einem

System, das davon lebt, dass gut informierte Menschen die Freiheit haben, sich entscheiden zu können, «wählen» zu können.

Wenn ich meine Zeit als Journalistin Revue passieren lasse – 1976 habe ich als Volontärin beim WDR angefangen –, dann hat sich in den seitdem vergangenen Jahrzehnten eine Menge verändert. Junge Menschen von heute können sich vermutlich nur schwer vorstellen, dass es eine recht überschaubare Anzahl von Fernsehprogrammen gab: ARD, ZDF und die dritten Programme der ARD, die man in der Regel nur im jeweiligen Bundesland empfangen konnte. Ob man mit seinen Sendungen wahrgenommen wurde, zeigte sich daran, dass die Menschen am nächsten Tag an ihrer Arbeitsstelle darüber geredet haben. Einschaltquote war kein Thema und wenn, wurde es mit Blick auf die USA, wo das bereits gang und gäbe war, nahezu mitleidig belächelt. Ebenso die allgemein als störend betrachteten Werbeunterbrechungen innerhalb einer Sendung. Das änderte sich erst allmählich nach der Zulassung des Privatfernsehens durch die Existenz von immer mehr Privatsendern, die sich nicht durch Rundfunkgebühren finanzierten und demzufolge auch nicht an den Programmauftrag der öffentlich-rechtlichen Sendeanstalten gebunden waren, der ausdrücklich Information und Bildung vorsah.

Konkurrenz belebt das Geschäft, ja schon, aber die journalistische Versorgung mit Informationen oder anders ausgedrückt: die politische Berichterstattung kann mit Unterhaltungsprogrammen schwerlich konkurrieren. Ich will es nicht als Vorwurf verstanden wissen, wenn ich sage, es war ein Fehler, dass die Öffentlich-Rechtlichen den Privaten ausgerechnet in puncto Unterhaltung Konkurrenz machen wollten, statt mit dem Pfund zu wuchern, das sie unbestreitbar hatten: Journalistenprofis und das auch noch nahezu überall auf der Welt. Nochmal: Ich weiß nicht, wie ich damals an Stelle der Entscheider versucht hätte, die Aufmerksamkeit wiederzubekommen, die bis dahin selbstverständlich war, weil es nichts anderes zu gucken gab als «uns». Aber es hatte und hat weitreichende Folgen, dass, verkürzt ausgedrückt, «Infotainment» zum neuen Maßstab wurde. Gut gemachte Informationsprogramme zeichnen sich nicht dadurch aus, dass sie langweilig sind, ganz im Gegenteil, aber sie beziehen ihre Spannung und ihren Unterhaltungswert aus dem Umstand, von Belang zu sein, und nicht zwangsläufig aus der Reduktion auf bestimmte Themen, die «gehen», oder aus der unbedingten Inszenierung von Zoff.

Doch das ist nur die eine Seite der Entwicklung. Mindestens genauso einschneidend machte sich der technische Fortschritt bemerkbar. Vor allem beim Fernsehen. Ende der siebziger Jahre des vorigen Jahrhunderts wurde auch in der aktuellen Berichterstattung noch mit Film gearbeitet, der in der sendereigenen Kopieranstalt erst entwickelt werden musste, bevor man ihn am Schneidetisch bearbeiten konnte. Das kostete alles wertvolle Zeit, die man in der Aktualität eigentlich nicht hat. Mit Film habe ich es nur ganz zu Beginn meiner Tätigkeit zu tun gehabt, dann wurde sukzessive auf Elektronik umgestellt. Unabhängig von der technischen Umschulung war damit eine völlig andere Arbeitsweise verbunden. Mit Film musste man sparsam umgehen, was einmal belichtet war, konnte man nur nutzen oder wegwerfen, eine Videokassette ließ sich mehrfach bespielen, das heißt, man konnte «draufhalten», die Kamera laufen lassen, und brauchte sich nur den Timecode, also die Zeit, zu notieren, zu der sich dasjenige ereignete oder gesagt wurde, was man später im Bericht zeigen wollte. Die *Film*berichterstattung zwang einen dazu, sich ganz genau zu überlegen, was aufgenommen werden sollte. Man musste sich *jetzt* entscheiden und nicht erst am Schneidetisch auswählen. Das führt zu einer besonderen Art von Disziplin.

Ich finde es faszinierend, was heute technisch alles möglich ist. Von nahezu jedem Punkt dieser Erde kann man, wenn die entsprechende technische Einheit aufgestellt ist, sofort live auf Sendung gehen. Aber das bedeutet praktisch auch, dass der Druck, auf Sendung gehen zu müssen, wenn technisch alles bereitsteht, enorm ist. Der Vorteil dieser immer größeren technischen Möglichkeiten wird zum Nachteil, wenn keine Zeit bleibt, Dingen auf den Grund zu gehen, über die man berichtet; wenn die technischen Möglichkeiten die Berichterstattung im Griff haben und nicht umgekehrt. Niemand sollte den Druck unterschätzen, der dadurch entsteht. Schnelligkeit war zwar schon immer ein journalistisches Qualitätskriterium, aber die Rahmenbedingungen sind heute um ein Vielfaches brutaler und gehen fast zwangsläufig zu Lasten von Gründlichkeit.

Und noch ein kritischer Punkt mit Blick auf faszinierende Technik. Es gab Zeiten, da konnten Fotos oder Bilder im Fernsehen noch als Beweis gelten, dass es sich genauso zugetragen hat, wie auf den Bildern zu sehen. Heute nicht mehr. Zu Beginn hieß das «virtuelle Möglichkeiten», über die man sich freute und die man versuchte, kreativ zu nutzen, offen und ohne so zu tun, als sei es real. Mittlerweile bringt man diese Möglichkeiten fast ausschließlich mit Fake News und Betrug in Verbindung, denn virtuell kriegt man alles hin, und zwar so, dass niemand mehr sagen kann, ob es wahr ist oder nicht. Wissenschaftler an der TU Ilmenau haben zudem eine Technik entwickelt, die es bei Live-Berichterstattung ermöglicht, Gegenstände verschwinden zu lassen oder welche hinzuzufügen, mit Schatten und allem was dazu gehört, um es «echt» aussehen zu lassen. Wohlgemerkt bei Livebildern, nicht nur in bearbeiteten Beiträgen.

Aber das ist immer noch nicht alles. Zum gnadenlosen Zeitdruck und zu den nahezu unbegrenzten technischen Möglichkeiten kommt der immer größere Sparzwang. «Zeitungssterben» ist ein Begriff geworden. Immer weniger Journalisten sind für immer mehr Themen zuständig. Fachredaktionen sind längst nicht mehr selbstverständlich, sondern eher Luxus. Es hat ja seinen Grund, warum ausgelagerte Recherche-Netzwerke entstehen. Dieser Teil journalistischer Arbeit lässt sich mit dem finanzierbaren Zeitbudget kaum noch in Einklang bringen. Bislang verlässliche Werbeeinnahmen brechen weg, weil sie ins Internet abwandern. Der früher umfangreiche Anzeigenmarkt ist in den Printmedien stark zusammengeschrumpft. Die Mittel reichen vorne und hinten nicht. Also werden – notgedrungen – Meldungen von Nachrichtenagenturen quasi eins zu eins übernommen, ohne sie redaktionell zu überprüfen, oder – noch schlimmer – fertig produzierte Beiträge von Unternehmen, Ministerien oder Nichtregierungsorganisationen ins Blatt oder ins Programm genommen. Pressefreiheit ist mehr als *nur* Meinungsfreiheit. Sie ist auf die Unabhängigkeit der Presse angewiesen. Aber wie unabhängig kann man berichten, wenn das Geld fehlt? Zur Pressefreiheit gehören auf jeden Fall finanzielle Unabhängigkeit und das Zulassen von Vielfalt. Der Schweizer Politologe Gerhard Kocher hat gesagt: «Pressefreiheit nützt nur, wenn es unbequeme Journalisten gibt.» Genauso ist das, aber unbequeme Journalisten muss man sich leisten können.

Objektivität als «regulative Idee»

Damit ein Thema öffentlich diskutiert und debattiert werden kann, muss es erst einmal den Weg in die Öffentlichkeit finden. Die erste Schwelle besteht darin, Aufmerksamkeit zu bekommen, was allein angesichts des nahezu unendlichen Angebots vor allem im Internet eine Herkulesaufgabe ist. Die Versuchung, Dinge zu dramatisieren und zu skandalisieren, um überhaupt wahrgenommen zu werden, ist groß. Aber im Sinne einer journalistischen Ethik ist es nicht ratsam, dieser Versuchung nachzugeben, weil es auf Dauer die Wirklichkeit verzerrt, und davon, wie Wirklichkeit wahrgenommen wird, hängen schließlich Entscheidungen ab.

Die zweite Schwelle ist subtiler und wirkungsvoller und sie hat etwas Heimtückisches. Wenn Themen aufmerksamkeitsheischend präsentiert werden, dann kommen sie wenigstens vor und man kann sich darüber streiten. Doch was ist, wenn Themen erst gar nicht behandelt werden? Selektive Themensetzung ist lediglich eine andere Form von Zensur. Nicht der Kaiser – oder Zar – bestimmt, was sein Volk erfährt und was nicht, sondern die Leitmedien. Ohne den Einfluss von Berichterstattung überschätzen zu wollen, erinnere ich an den Satz des Soziologen Niklas Luhmann: «Was wir über die Gesellschaft, ja über die Welt, in der wir leben, wissen, wissen wir durch Massenmedien.» Und wer oder was in den Massenmedien vorkommt, so die Denkweise, ist wichtig, der Rest vernachlässigbar, sonst würde ja darüber berichtet werden. Ich kann mich noch gut an meine aktive Zeit erinnern und daran, welche Kämpfe wir in den verschiedenen Redaktionen – sei es «Tagesschau», «Tagesthemen» oder auch «Monitor» – darüber ausgefochten haben, was in die Sendung kommt und was rausfällt. Wie kompliziert es war, manche Entscheidungen zu treffen, weil man streng genommen nur die Wahl zwischen falsch und falsch und nicht zwischen richtig und falsch hatte, aber daran lässt sich nichts ändern, es sei denn, man würde es – mit Blick auf aktuelle Berichterstattung – so machen wie die legendäre allabendliche Nachrichtensendung «Vremja» (was sinnigerweise so viel wie Zeit bedeutet) im sowjetischen Fernsehen. Die dauerte halt so lange, wie sie dauerte, manchmal kürzer, manchmal länger, je nachdem was als berichtenswert und wichtig eingestuft wurde. Das ist natürlich auch keine Lösung.

Es bleibt die verantwortungsvolle Aufgabe, respektvoll mit Themen umzugehen, auch mit solchen, die einem persönlich

nicht nahe sind oder gar den eigenen Überzeugungen widersprechen, aber wenn sie doch da sind, diese Themen, dann haben Mediennutzer ein Recht darauf. Der Hang zur Eskalation
und zur polarisierenden Zuspitzung ist in meinen Augen Aus-
druck eines falschen Selbstverständnisses von Massenmedien.
Die Alternative ist nicht glattbügeln oder beschönigen, sondern
nur alle möglichen Seiten einer Sache zu beleuchten versuchen,
Interessen herausfinden und Perspektivwechsel vornehmen, um
ein möglichst vollständiges Bild liefern zu können. Klar, voll-
ständige Objektivität ist eine Illusion. Aber wer sie leichtfertig
als Leitbild aufgibt, als «regulative Idee», der gibt auch den
Boden preis, auf dem sich die unterschiedlichen Lager in unserer Gesellschaft austauschen und Kompromisse finden können.
Journalisten sind mit ihrer Arbeit nicht dafür verantwortlich,
Frieden zu erhalten, weder den inneren noch den äußeren, aber
ihnen sollte schon klar sein, dass sie dazu beitragen können,
Frieden zu gefährden, sowohl den inneren als auch den äußeren.

Und jetzt?

Frieden ist kein Geschenk, weder der Frieden, der den Gegensatz zu Krieg darstellt, noch sozialer und gesellschaftlicher Frieden. Frieden, ganz gleich welcher Art, ist harte Arbeit. Ein gutes freundschaftliches Verhältnis – sei es zwischen Menschen oder zwischen Staaten – muss gepflegt werden, wenn es Bestand haben soll. Und wenn diejenigen, die gut miteinander auskommen wollen, aus unterschiedlichen Lebenswirklichkeiten stammen, unterschiedliche gesellschaftliche Entwicklungen hinter sich haben, dann ist diese Pflege ganz besonders wichtig. Dazu gehört, das Bild vom jeweils anderen immer wieder auf seinen Wahrheitsgehalt zu überprüfen und nicht auf langlebige Vorurteile hereinzufallen; das bezieht sich auf Staaten ganz genauso wie auf gesellschaftliche Gruppen. Dazu gehört auch, sich für den jeweils anderen wirklich zu interessieren, sich gegebenenfalls in seine Lage zu versetzen, um besser nachvollziehen zu können, warum er sich so und nicht anders verhält. Mit anderen Worten, ihn besser verstehen zu können im Sinne von begreifen. Zeitgeiststromungen machen aus dieser – im Grunde – selbstverständlichen Verhaltensweise hin und wieder einen Kraftakt, der Mut erfordert. Gegenseitige Vorurteile abbauen – das ist Friedenssicherung, sowohl zwischen Staaten als auch zwischen Menschen innerhalb eines Landes. Was wäre besser dafür geeignet als die persönliche Begegnung?

Wenn daraus persönliche Beziehungen und Vertrauen entstehen, dann lässt sich nicht nur im privaten, sondern gerade auch im wirtschaftlichen und vor allem im politischen, nicht zuletzt außenpolitischen Bereich sehr viel bewegen. Wenn der

sowjetische Präsident Michail Gorbatschow nicht zum deutschen Bundeskanzler Helmut Kohl und zum US-amerikanischen Präsidenten George Bush senior Vertrauen gehabt hätte,
dann hätte es die deutsche Vereinigung nicht gegeben. Wenn
der sowjetische Außenminister Edward Schewardnadse und der
deutsche Außenminister Hans-Dietrich Genscher sich nicht so
gut verstanden und über Vertragstexte hinaus sich gegenseitig
geglaubt hätten, dann hätte es die deutsche Vereinigung so
nicht gegeben. Horst Teltschik, der langjährige Berater Helmut
Kohls und spätere Chef der Münchner Sicherheitskonferenz,
wird nicht müde, immer wieder darauf hinzuweisen, dass
Sicherheit unsere erste Priorität sein muss, dass Dialog und
Entspannung nötig sind und Sanktionen nicht weiterhelfen.
Warum war es Ende der sechziger Jahre möglich, eine qualitativ
ganz andere Politik zu betreiben? 1968 beendeten sowjetische
Panzer den sogenannten Prager Frühling in der damaligen
Tschechoslowakei, und Willy Brandt, erst als Außenminister
dann als Bundeskanzler, hat trotzdem zusammen mit Egon
Bahr die neue Ostpolitik begonnen, unter dem Motto «Wandel
durch Annäherung». 1970, also gerade mal zwei Jahre später,
wurde im Katharinensaal des Kreml der Moskauer Vertrag un-
terzeichnet, in dem sich Deutschland und die Sowjetunion ver-
pflichteten, den Entspannungsprozess zu fördern und Konflikte
friedlich zu lösen. In Deutschland innenpolitisch höchst um-
stritten war der Moskauer Vertrag ein Meilenstein auf dem Weg
heraus aus der Ost-West-Konfrontation. «1982/83 hat die Sowjetunion mit dem Dritten Weltkrieg gedroht und wir sind trotzdem nach Moskau gefahren und haben geredet.» So Horst
Teltschik.

Miteinander reden, sich gegenseitig zuhören, nicht schon
nach dem ersten Halbsatz die Klappe fallen lassen, weil man ja
angeblich ohnehin weiß, was jetzt kommt, nach dem Motto:
Was ist von dem schon anderes zu erwarten? Sein Gegenüber

ernst nehmen, selbst wenn man es nicht leiden kann. Das, was der andere sagt und meint, in den Vordergrund stellen, und nicht das, was man zu wissen glaubt. Eigentlich gar nicht so schwer, zumindest in der Theorie. Seit Corona gibt es eine App, habe ich mir sagen lassen, die man auf seinem Rechner installieren kann und die einen jedes Mal warnt, wenn man sich mit den Händen ins Gesicht fasst. Das machen die meisten Menschen ziemlich häufig, ohne es zu merken. Ein kleiner Mann (oder Frau) im Ohr, der einen bei den entsprechenden Gelegenheiten freundlich fragt, «Bist Du sicher?», wäre vielleicht auch ganz hilfreich, um von Automatismen Abschied zu nehmen und sich für sein eigenes Verhalten zu sensibilisieren.

Wie wichtig der persönliche Kontakt von Angesicht zu Angesicht ist, hat bestimmt jeder schon einmal erfahren. Man beschimpft sich leichter per E-Mail, weil man den anderen nicht sieht. Wie oft lassen sich auch bei drohenden gerichtlichen Auseinandersetzungen Lösungen finden, wenn sich die Anwälte nicht nur gegenseitig Schriftsätze zuschicken. Warum funktionieren – meistens jedenfalls – sogenannte Runde Tische? Weil dort die Kontrahenten nebeneinander oder sich gegenübersitzen und sich während eines längeren Zeitraums nicht nur als Funktionsträger, sondern als Menschen begegnen. Durch den direkten Kontakt, offen und demokratisch, ist es möglich, Unversöhnlichkeiten aufzubrechen. Die Runden Tische in der Schlussphase der DDR haben Großes geleistet und Gewaltfreiheit gesichert. «Die früher Mächtigen sind nicht nur Schweinehunde» – dieser und ähnliche Sätze waren die Voraussetzung für Versöhnung und dafür, dass man in der Sache weiterkommt.

Deshalb ist es auch so wichtig, sich gerade mit denjenigen an einen Tisch zu setzen, deren Verhalten man glaubt kritisieren zu müssen. Mit wem man sich einig ist, dem muss man nicht unbedingt persönlich begegnen, da funktioniert die Kommunikation auch auf diversen anderen Wegen. Aber mit denen es Streit

gibt, da sieht die Sache anders aus. Wer sich gegenseitig mit
Vorwürfen überzieht, hat, wenn überhaupt, nur durch persönliche Begegnung eine Chance. Das Sanktionieren und Aus-
schließen von gemeinsamen Treffen ist in den meisten Fällen
nichts weiter als Symbolpolitik, die in der Sache zu nichts führt,
sondern im Gegenteil die Fronten verhärtet. Ich hätte mir
gewünscht, dass der Vorschlag, Russland wieder zu den G7-Tref-
fen einzuladen, deren Teilnehmerkreis man ohnehin den neuen
Machtkonstellationen anpassen sollte, nicht ausgerechnet vom
US-amerikanischen Präsidenten Donald Trump kommt, der im
gleichen Atemzug befiehlt, knapp 10 000 Soldaten (später erhöhte sich diese Zahl auf 12 000) aus Deutschland nicht etwa
abzuziehen, sondern einen Teil von ihnen sogar weiter nach
Osten, näher an die russische Grenze, zu verlegen. Im Gespräch
waren Polen und die baltischen Staaten. In dem Falle sind –
bildlich gesprochen – zwei Schatten zu überspringen: Der eine
hat natürlich mit Russland zu tun, aber der andere hängt mit der
Person zusammen, die diesen Vorschlag unterbreitet hat. Ich
kann mir schlechterdings keinen deutschen Politiker vorstellen,
der Donald Trump zur Seite springen möchte. Das ist politisch
und medial nicht zu überleben.

Die Jugend von heute ist die Elite von morgen. «Die Alten»
müssen «den Jungen» vorleben, wie wichtig es ist, mit Menschen zu reden – zu reden, nicht nur zu chatten –, sie im
gleichen Raum als Ganzes wahrzunehmen, sich nicht zu verweigern, nur weil sie anderer Meinung sind und Unordnung in
das eigene vermutlich mühsam aufgebaute und aufgeräumte
Gedankengebäude bringen könnten. Jugendliche müssen auch
die Gelegenheit haben, die Welt kennenzulernen, und dürfen
sich kein schlechtes Gewissen einreden oder einreden lassen,
weil das im Zweifel mit klimaschädlichem Reisen verbunden
ist. Das soll kein Freibrief sein, besinnungslos um die Welt zu
jetten. Aber der Klimaschutz darf auch nicht dazu führen, dass

eine ganze Generation nur im nationalen oder regionalen Saft schmort. Der persönliche Kontakt zwischen Menschen weltweit ist das A und O, vermittelt eigene Urteilskompetenz und macht immun gegen dummes verhetztes Gerede. Engagement für Jugendaustausch auf den unterschiedlichsten Ebenen ist für mich aktive Friedenspolitik in ihrer überzeugendsten Form. Nur so besteht wenigstens die Chance, dass künftige Generationen in der Lage sein werden, aus Krisen keine Kriege zu machen.

Meine Eltern haben mir beigebracht, mit meinen Mitmenschen respektvoll umzugehen. Möglicherweise ist mir das nicht immer gelungen, aber eines kann ich sagen: Es ist ganz sicher nicht absichtsvoll geschehen, sollte sich durch mein Verhalten jemand verletzt gefühlt haben. Ich kann mich jedoch an zahlreiche Situationen erinnern, in denen ich mich – selbst bis ins Mark getroffen – mühsam in der Gewalt gehalten habe, um mein Gegenüber nicht durch unbedachte wutgesteuerte Worte zu verletzen; Worte, die sich nicht oder kaum zurücknehmen lassen. Eine gewisse Selbstbeherrschung, deren Antriebsfeder aus der Rücksichtnahme besteht, zu der mich meine Eltern angehalten haben.

Im Laufe meines Lebens ist mir dann noch Folgendes klar geworden: Sollten sich Wut und Ärger einmal Bahn gebrochen haben, dann wäre der nächste Fehler die Unversöhnlichkeit. Die Bereitschaft, neu anzufangen, ist eine der wichtigsten Grundlagen von Zivilisation. Blutrache und Ähnliches sind Überbleibsel aus archaischen Zeiten, in denen sich der Ehrbegriff verselbständigt und von den Menschen, um die es geht, losgelöst hat. Respekt und Vergebung gehören zusammen und sind zutiefst menschliche (und christliche) Werte.

«Streitkultur», so drückte es Bundespräsident Frank-Walter Steinmeier im November 2019 vor der Hochschulrektorenkonferenz treffend aus, «erspart anderen keinen Widerspruch, aber sich selber auch keine Selbstkritik... Streitkultur öffnet nicht nur den eigenen Mund, sondern auch die eigenen Ohren. Streitkultur braucht den Wunsch, zu überzeugen und die Offenheit, sich gegebenenfalls selbst überzeugen zu lassen. Streitkultur braucht also beides: Mut und Gelassenheit.»

Ja, Mut *und* Gelassenheit. Nicht etwa entweder oder. Und es braucht die Bereitschaft und die Fähigkeit, Verantwortung zu übernehmen. Es wird immer Grenzfälle geben, in denen nicht eindeutig ist, wie weit man gehen darf, um die bestehende gesellschaftliche Ordnung nicht zu gefährden. Nicht jede Lebenssituation lässt sich durch Regeln und Vorschriften eindeutig erfassen, so dass quasi mit der Wucht eines Naturgesetzes klar zu sein scheint, welches Verhalten das einzig Richtige ist. Eine freie Gesellschaft bietet – in einem gewissen Rahmen versteht sich – die Freiheit sich zu entscheiden, aber gleichermaßen die Verpflichtung, sich entscheiden zu müssen und dafür dann auch die Verantwortung zu übernehmen. Streit im Sinne von Streitkultur ist etwas durch und durch Konstruktives und hat nichts mit Ausgrenzung oder gar Vernichtung zu tun. Respektvoll streiten – das wär's doch.